CIDE-COMBUSTÍVEL

FUNDAMENTAÇÃO LEGAL, CARACTERÍSTICAS E FINALIDADE ESPECIAL PARA APLICAÇÃO DA ARRECADAÇÃO

Joel Gomes Moreira Filho
Sócio do escritório Ferreira e Chagas Advogados
Mestre em Direito
Doutorando pela PUC Minas
Professor Universitário

CIDE-COMBUSTÍVEL

FUNDAMENTAÇÃO LEGAL, CARACTERÍSTICAS E FINALIDADE ESPECIAL PARA APLICAÇÃO DA ARRECADAÇÃO

editora Del Rey

2022

EDITORA DEL REY LTDA.
www.livrariadelrey.com.br

Editor: Arnaldo Oliveira

Editor Adjunto: Ricardo A. Malheiros Fiuza
(*in memoriam*)

Coordenação Editorial: Letícia Neves

Diagramação e revisão: Know-how Editorial

Capa: JP Designer

Editora:
Rua dos Goitacazes, 71 – Lojas 20 a 24
Centro – Belo Horizonte – MG
CEP 30190-050

Comercial:
Tel.: (31) 3284-3284 / 3293-8233
vendas@editoradelrey.com.br

Editorial:
editorial@editoradelrey.com.br

M838c Moreira Filho, Joel Gomes
CIDE-combustível: fundamentação legal, características e finalidade especial para aplicação da arrecadação / Joel Gomes Moreira Filho.-- Belo Horizonte : Del Rey, 2022.
xvi; 158 p.: il.

Bibliografia:
ISBN: 978-65-00-45662-2.

1. Direito tributário - Brasil. 2. Contribuições (Direito tributário) - Brasil. 3. Intervenção estatal. 4. Combustíveis. I. Título.

CDU 336.2(81)

Junio Martins Lourenço – Bibliotecário – CRB-6 3167

“Nunca deixe o futuro perturbá-lo. Você vai encontrá-lo, se estiver com as mesmas armas da razão que hoje te armam contra o presente.” (Marco Aurélio, Imperador Romano.)

"Na medida em que os fins correspondem a algo a ser buscado, esta visão assume um papel modificador da realidade (para construir um futuro diferente do passado) e um mundo diferente do que existe, colocando, portanto, a tônica na dinâmica das relações sociais, muito mais do que na estática das categorias jurídicas legalmente estratificadas." (Marco Aurélio Greco, *Contribuições*: uma figura "sui generis", p. 99.)

SIGLAS E ABREVIATURAS

§	– parágrafo
ADCT	– Ato das Disposições Constitucionais Transitórias
ADI	– ação direta de inconstitucionalidade
ADIn	– ação direta de inconstitucionalidade
Ancine	– Agência Nacional do Cinema
ANP	– Agência Nacional do Petróleo
Art.	– Artigo
Cade	– Conselho Administrativo de Defesa Econômica
CF	– Constituição Federal
Cide	– Contribuição de Intervenção no Domínio Econômico
CNT	– Confederação Nacional do Transporte
Cofins	– Contribuição para o Financiamento da Seguridade Social
Condecine	– Contribuição para o Desenvolvimento da Indústria Cinematográfica Nacional
CPMF	– Contribuição Provisória sobre Movimentação Financeira
CTN	– Código Tributário Nacional
DI	– declaração de importação

DJ	–	*Diário da Justiça*
DNIT	–	Departamento Nacional de Infraestrutura de Transportes
DOU	–	*Diário Oficial da União*
DRU	–	Desvinculação de Receitas da União
DRU	–	Desvinculação dos Recursos da União
EC	–	emenda constitucional
Embrafilme	–	Empresa Brasileira de Filmes S.A.
Fecombustíveis	–	Federação Nacional do Comércio de Combustíveis e Lubrificantes
Funttel	–	Contribuição ao Fundo para o Desenvolvimento Tecnológico das Telecomunicações
Fust	–	Contribuição para o Fundo de Universalização dos Serviços de Telecomunicações
GLP	–	gás liquefeito de petróleo
h.i.	–	hipótese de incidência
ICMS	–	Imposto sobre Operações relativas à Circulação de Mercadorias e sobre Prestações de Serviços de Transportes Interestadual e Intermunicipal e de Comunicações
INC	–	Instituto Nacional de Cinema
IPI	–	Imposto Sobre Produtos Industrializados
IPMF	–	Imposto provisório sobre movimentação ou a transmissão de valores e de créditos e direitos de natureza financeira
m^3	–	metro cúbico
n.	–	Número
p.	–	Página
Pasep	–	Programa de Formação do Patrimônio do Servidor Público
PEC	–	proposta de emenda à Constituição
PIB	–	Produto Interno Bruto

PIS	– Programa de Integração Social
RE	– recurso especial
Siafi	– Sistema de Acompanhamento Financeiro
SP	– São Paulo
STF	– Supremo Tribunal Federal
STN	– Secretaria do Tesouro Nacional
t	– tonelada
TCU	– Tribunal de Contas da União

APRESENTAÇÃO

Os últimos anos têm sido desafiadores para o nosso país. Além da pandemia da Covid-19, que marcou o mundo nos anos de 2020 e 2021, estamos atravessando sérios problemas econômicos. De fato, milhares de brasileiros estão enfrentando o desemprego, os efeitos da inflação, a alta dos combustíveis e, inclusive um problema que já havia sido vencido em nosso país, a fome.

A superação desse cenário depende de algumas mudanças, como é o caso da reforma tributária, que deve responder aos anseios da população no sentido de uma legislação que simplifique a vida dos brasileiros.

Há no Brasil uma conexão que se estende desde os grandes empresários até os mais humildes trabalhadores, inclusive os que sobrevivem na economia informal.

Ela é representada por um pensamento único: a simplificação e a desburocratização tributária precisam ser urgentemente implantadas no País, sob pena de não conseguirmos ampliar a produtividade do Brasil, produzir desenvolvimento socioeconômico e fazer jus ao nosso vasto e ainda pouco explorado potencial.

E, neste ponto, imagino que se pergunte o que a reforma tributária e a crise econômica e social brasileira têm a ver com o livro que temos em mãos. Pois Joel Gomes Moreira Filho, em seu *Cide-Combustível*, brinda-nos com análises que vão além do título e nos inspiram a repensar nossa história tributária. É, a partir da análise do nosso passado, que poderemos pensar em como reajustar o nosso sistema de tributos para, além de superar os desafios que estamos enfrentando, garantir prosperidade ao Brasil.

O autor toma como parâmetro o Estado Democrático de Direito para transcender as chamadas contribuições de intervenção no domínio econômico - espécies do gênero tributo - e nos oferecer um panorama que parte das origens jurídicas da atuação do Estado na economia, atravessa discussões muito apropriadas sobre os princípios de legitimação do poder de tributar, e atinge, após laboriosa e profunda exploração, uma conclusão bem fundamentada sobre a legitimidade para cobrança da Cide-Combustíveis.

A discussão não poderia ser mais oportuna. Joel Gomes Moreira Filho disseca, como um anatomista, a Cide-Combustíveis - incidente sobre a importação e a comercialização de petróleo e seus derivados, gás natural e seus derivados, e álcool etílico combustível - no momento exato em que, por diversas razões, duas questões prementes estão na ordem do dia do País: a alta no preço dos combustíveis e o custo do nosso sistema tributário.

O Sistema Tributário Nacional - que só começou a tomar forma a partir da Emenda Constitucional nº 18, de 1965 - abarca um conjunto de disposições constitucionais, leis, decretos, portarias, instruções normativas e outras prescrições que regulam a invasão do patrimônio particular pelo poder público. Para que essa invasão se justifique, lembra-nos Joel Gomes Moreira Filho, é preciso observar os direitos fundamentais e os princípios consagrados de forma expressa ou implícita no regime notadamente democrático e social. Ou seja, tem de haver proporcionalidade entre o tributo cobrado e o benefício entregue ao cidadão.

Carlos Heitor Cony dizia que "a história do Brasil nasce exatamente dessa desproporção entre o tributo e o benefício"; e, em pleno século XXI, tal desproporção persiste, pois nosso sistema tributário continua sendo regressivo, custoso, redundante e complexo: em suma, continua sendo injusto para o cidadão. Trata-se de uma realidade que precisa mudar, e este livro, fruto do esforço e da capacidade do professor Joel Gomes Moreira Filho, constitui-se de mais um instrumento para a atuação daqueles que, como nós, acreditam que a justiça tributária é condição *sine qua non* para a justiça social.

Senador Rodrigo Pacheco

SUMÁRIO

INTRODUÇÃO

Neste trabalho analisamos a contribuição de intervenção no domínio econômico, relativa às atividades de importação ou comercialização de petróleo e seus derivados, gás natural e seus derivados e álcool combustível, abordando seus principais aspectos.

Para melhor exposição da Cide-Combustível, elaboramos um breve histórico da atuação e da intervenção do Estado na economia, que passa pela Constituição mexicana de 1917 e a Constituição alemã de 1919, pontuando-as no âmbito internacional pela sua primazia na incorporação de direitos ligados à ordem econômica em textos constitucionais. Apontamos também, nas cartas constitucionais brasileiras, desde 1934 até a Constituição de 1988, os principais aspectos relativos à atuação do Estado na economia.

Na Constituição vigente, estudamos as possibilidades diretas e as formas indiretas de intervenção do Estado na economia.

Entre as formas de intervenção indireta do Estado na economia, enfatizamos o estudo da intervenção mediante a contribuição de intervenção no domínio econômico.

Este livro tem por objetivo contribuir para o necessário debate sobre o uso de tributos, em especial quanto aos incidentes sobre combustíveis, mais especificamente a respeito da incidência das Cide-Combustível como forma de intervenção estatal na economia.

A figura tributária em tela encontra-se consagrada no art. 177, § 4º, da Constituição Federal de 1988. O § 4º foi acrescido pela Emenda Constitucional n. 33, publicada em 12 de dezembro de 2001, que estabelece regras a serem observadas na instituição dessa contribuição.

A Cide-Combustível incidente sobre a importação e a comercialização de gasolina e suas correntes, diesel e suas correntes, querosene de aviação e outros querosenes, óleos combustíveis (*fuel-oil*), gás liquefeito de petróleo (GLP), bem como o derivado de gás natural e de nafta, além do álcool etílico combustível, foi instituída pela Lei n. 10.336, de 19 de dezembro de 2001.

As contribuições de intervenção no domínio econômico apresentam como principais características a intervenção, a referibilidade e a vinculação, ou seja, a efetiva intervenção do Estado, nos sentidos constitucionalmente estabelecidos e legitimados, no segmento econômico específico objeto de intervenção, quanto à referibilidade da contribuição, ao contribuinte participante de determinado domínio econômico e à vinculação do produto da arrecadação à atuação estatal na área econômica específica objeto da contribuição.

Na vinculação do produto da arrecadação à finalidade, ou seja, ao objetivo buscado pelo legislador, está a principal característica desse tributo. Para sua realização, vinculou-se o produto da arrecadação da Cide-Combustível ao custeio da intervenção do Estado.

Vale a pena lembrar que o debate sobre o preço dos combustíveis e a tributação incidente, principalmente sobre gasolina, etanol e óleo diesel, extrapola os ambientes acadêmico, empresarial, legislativo e governamental e ganha importante espaço no cotidiano da sociedade brasileira.

Para além da alta carga tributária incidente sobre os combustíveis, que em alguns Estados passa de 40% para a gasolina, o cidadão brasileiro ainda sofre os efeitos da variação do câmbio e da globalização. E o tema ganha maior repercussão à medida que significativa parte do Produto Interno Bruto (PIB) brasileiro é transportada pelo modal rodoviário, impactando de um lado a inflação com o aumento do frete, que consequentemente é repassado ao custo final dos produtos, encarecendo os preços ao consumidor, e de outro lado causando aumento no valor do frete, o que reduz a competitividade do setor produtivo voltado para a exportação.[1]

Como a Cide-Combustível foi criada com a finalidade específica de modificar uma realidade, o momento é oportuno e conveniente para sua discussão com foco no alcance dos objetivos perseguidos pelo legislador, na necessidade de ajustes e mudanças ou até mesmo na extinção dessa contribuição.

Tratando especificamente do tema Cide-Combustível, buscamos revelar a realidade almejada pelo legislador com base no aspecto finalístico que caracteriza as contribuições de intervenção no domínio econômico e nos aspectos materiais da Cide-Combustível.

A Lei n. 10.336/2001, posteriormente modificada pela Lei n. 14.237, de 19 de novembro de 2021, determina que o produto da arrecadação da Cide-Combustível tenha sua destinação restrita às seguintes finalidades:

- Pagamento de subsídios a preços ou transporte de álcool combustível, de gás natural e seus derivados e de derivados de petróleo.

[1] "Segundo dados da Federação Nacional do Comércio de Combustíveis e Lubrificantes (Fecombustíveis) apurados pelo *Brazilian Journal of Development*, os tributos são responsáveis por importante parcela dos preços dos combustíveis no Brasil. A incidência do ICMS pode variar de estado para estado, porém habitua incidir sobre a gasolina entorno de 25% a 34%, no Diesel 12% a 25% e no Etanol de 12% a 32%, ambos no valor de pauta. Já o PIS/Cofins caracterizado por ser um imposto federal e alíquota padrão de 1,65% para o PIS e 7,60% para Cofins incide na gasolina em R$ 0,7925/litro, no Diesel R$ 0,3515/litro e no Etanol R$ 0,1309/litro para o produtor e R$ 0,1109 para o distribuidor. A Cide incide sobre a gasolina em R$ 0,1000/litro. O que nos leva a concluir aproximadamente que o valor da carga tributária sobre a gasolina é de 43%, sobre o Diesel 23% e Etanol 25%." ANDRADE, Nelson Lambert de; OLIVEIRA, Rodrigo Rios Faria de; PEREIRA, Paula Gerônima. Educação fiscal e a tributação dos combustíveis no Brasil, *Brazilian Journal of Development*, p. 22138.

- Financiamento de projetos ambientais relacionados com a indústria do petróleo e do gás (redação dada pela Lei n. 14.237/2021).
- Financiamento de programas de infraestrutura de transportes (redação dada pela Lei n. 14.237/2021).
- Financiamento do auxílio destinado a mitigar o efeito do preço do gás liquefeito de petróleo sobre o orçamento das famílias de baixa renda (incluído pela Lei n. 14.237/2021).

Analisamos também a legitimidade da Cide-Combustível diante do princípio da referibilidade, da vinculação da arrecadação ao fim previsto na Constituição e da intervenção em conformidade com o fim a ser atendido pela União, Estados, Distrito Federal e Municípios.

1

DA ATUAÇÃO DO ESTADO NO DOMÍNIO ECONÔMICO

1.1 BREVE INTRODUÇÃO À ATUAÇÃO DO ESTADO NA ECONOMIA

O intervencionismo do Estado na economia ganhou grande relevância especialmente após o término da Segunda Guerra Mundial, para a reorganização e o desenvolvimento das forças produtivas, marcadas pela estatização dos serviços públicos, antes realizados pelos particulares.

1.1.1 A Constituição mexicana de 1917 e a Constituição alemã de Weimar, de 1919

A Constituição mexicana de 1917 e a Constituição de Weimar, de 1919, já previam a intervenção estatal no domínio econômico.[2]

A Constituição mexicana de 1917 foi a primeira a estabelecer de maneira sistemática a integração de direitos sociais e econômicos, rompendo com o molde clássico das Constituições do passado.[3] Incorporou um Título VI, *Del Trabajo y de Previsión Social* (art. 123), prevendo as bases das relações de trabalho, como a duração da

[2] HORTA, Raul Machado. *Estudos de direito constitucional*, p. 287.

[3] Georges Gurvitch, Las formas de la sociabilidad, *apud* URBINA, Alberto Trueba. *La primera constitución político-social del mundo*, p. 35.

jornada de trabalho, condições de trabalho para gestantes, salário mínimo a ser pago e considerações sobre o trabalho do menor.[4]

O texto constitucional mexicano trata também de temas como os limites para desapropriações (art. 27) e a eliminação dos monopólios (art. 28).[5]

Já a Constituição alemã de Weimar, de 1919, encampou especificamente, em sua Parte II, uma seção dedicada à "Vida Econômica", onde constava a seguinte declaração:

> A Organização da vida econômica deve responder aos princípios da justiça tendo por fim garantir a todos uma existência conforme à dignidade humana. Nestes limites a liberdade econômica do indivíduo deve ser assegurada.
>
> [...].
>
> A liberdade de comércio e de indústria é garantida conformemente às leis do *Reich*.[6]

Raul Machado Horta observa que:

> as Constituições do México de 1917 e da Alemanha de 1919 detêm a primazia na incorporação da Ordem Econômica ao texto constitucional, alargando a matéria e a dimensão da Constituição. Inauguraram novo período constitucional, o do constitucionalismo moderno, marco divisório entre constitucionalismo clássico dos séculos XVIII e XIX e o constitucionalismo contemporâneo, que data do pós-guerra de 1945.[7]

A Constituição de Weimar desenvolvia os temas relativos aos atos negociais e à propriedade, sempre postos sob as limitações

---

4 URBINA, Alberto Trueba. *La primera constitución político-social del mundo*, p. 206.

5 URBINA, Alberto Trueba. *La primera constitución político-social del mundo*, p. 89.

6 HORTA, Raul Machado. *Estudos de direito constitucional*, p. 287.

7 HORTA, Raul Machado. *Estudos de direito constitucional*, p. 288.

estabelecidas por lei; submetia a repartição e a utilização do solo ao controle estatal, de modo a evitar abusos (n. 155); inseria o trabalho sob a especial proteção do Estado (n. 157), preceituando que o *Reich* se empenharia pela adoção de uma regulamentação internacional (n. 162); colocava as classes médias produtoras ao abrigo da lei e da Administração (n. 164); e assentava a liberdade sindical (n. 159).

1.1.2 A Constituição brasileira de 1934

No Brasil, a Constituição de 1934 trouxe à baila os princípios da justiça social e da liberdade econômica, que ficaram restritos ao texto legal, uma vez que o Estado assumiu a atividade empresarial, inibindo a livre-iniciativa.

A atuação do Estado em setores estratégicos da economia, tais como os de energia elétrica, telecomunicações, saneamento básico e transporte ferroviário, foi quase absoluta.

A Constituição de 1934 inovou com um Título IV, dedicado à Ordem Econômica e Social. Semelhantemente à Carta de Weimar, estatuiu a organização segundo os princípios de justiça e as necessidades da vida nacional, assegurando a todos existência digna e devendo essa declaração condicionar toda a interpretação do direito infraconstitucional.

Nesse período, conforme observa Maria Sylvia Zanella di Pietro,

> também a liberdade individual foi seriamente afetada pela nova concepção do Estado, tendo em vista a crescente intervenção, ora por meio de limitações ao exercício de direitos individuais, ora pela atuação direta no setor da atividade privada. Cresceu a intervenção no domínio econômico, cresceu o poder de polícia, que passou a atuar em todas as áreas da vida social e econômica, cresceu o rol de atividades assumidas pelo Estado como serviço público.[8]

---

[8] DI PIETRO, Maria Sylvia Zanella (org.). *Direito regulatório*: temas polêmicos, p. 40.

Segundo Raul Machado Horta,

> o dilatado grau de intervencionismo econômico e social, que a Constituição de 1934 adotou, repercutiu no alargamento da competência da União Federal, para atender às novas dimensões do Estado, e esse processo de dilatação da competência federal acarretou a correspondente redução da autonomia do Estado-Membro.[9]

A Constituição de 1934 buscou inspiração no novo constitucionalismo pós-guerra de 1914/1918 e nas Constituições representativas do constitucionalismo social do século XX: a Constituição do México (1917), a Constituição da Alemanha de 1919 (Weimar) e a Constituição Espanhola de 1931.

1.1.3 A Constituição brasileira de 1937

A Constituição de 1937 do Estado Novo, no título atinente à Ordem Econômica, foi a primeira a falar em intervenção do Estado no domínio econômico no Brasil (art. 135), distinguindo as formas de controle, estímulo e gestão direta.

Estabeleceu limites para o bem público. A intervenção do Estado no domínio econômico somente seria legitimada para suprir deficiências da iniciativa individual e para coordenar fatores de produção, evitando conflitos e introduzindo nas relações o interesse da nação, representado pelo Estado.[10]

Todavia, representou um retrocesso ao comandar o reconhecimento estatal dos sindicatos (art. 138) e ao mencionar a propriedade, simplesmente, com o conteúdo e os limites definidos em lei (art. 122, § 14).

Nessa fase, o governo de Getúlio Vargas abandonou o liberalismo econômico e passou a intervir diretamente na vida dos cidadãos, absorvendo novos empreendimentos.

---

9 HORTA, Raul Machado. *Estudos de direito constitucional*, p. 59.

10 VASCONCELOS, Roberto Pereira. *Constituição dos Estados Unidos do Brasil*: interpretada pelo Supremo Tribunal Federal, p. 480.

Nos setores de telecomunicações, transporte ferroviário, energia elétrica e saneamento básico, a presença estatal foi absoluta.

Observa Carolina Theodoro da Silva Mata que, pautado no modelo europeu, foi implementado no Brasil um processo de nacionalização, acentuado pelo surgimento de governos com políticas fortemente intervencionistas, que interferiram cada vez mais na economia, estabelecendo fortes restrições à liberdade dos indivíduos.[11]

1.1.4 A Constituição brasileira de 1946

A Constituição de 1946 tornou a enunciar a justiça social, a liberdade de iniciativa e a valorização do trabalho como princípios informativos (art. 145). Facultava, também, a intervenção no domínio econômico e o monopólio de indústria ou atividade (art. 146), bem como garantias mínimas para o trabalhador (art. 157).

Como inovações, trouxe a previsão de uma nova forma de intervenção estatal: a repressão do abuso do poder econômico. Assim dispunha, em seu art. 148:

> Art. 148. A lei reprimirá toda e qualquer forma de abuso do poder econômico, inclusive as uniões ou agrupamentos de empresas individuais ou sociais, seja qual for a sua natureza, que tenham por fim dominar os mercados nacionais, eliminar a concorrência e aumentar arbitrariamente os lucros.

Destaca o referido artigo a orientação geral no regime de repressão ao abuso do poder econômico, legitimando-se a ação do Estado nesse terreno.[12]

A Constituição Federal de 1946 dispunha que a lei reprimiria toda e qualquer forma de abuso de poder econômico, até mesmo

[11] MATA, Carolina Theodoro da Silva. Regulação e desregulação: uma discussão sobre o equilíbrio entre mercado e coletividade. *In*: DI PIETRO, Maria Sylvia Zanella (org.). *Direito regulatório*: temas polêmicos, p. 179.

[12] CAVALCANTI, Themístocles Brandão. *A Constituição Federal comentada*, v. 3, p. 261.

uniões ou agrupamentos de empresas individuais ou sociais que tinham por finalidade dominar o mercado e eliminar a concorrência, aumentando arbitrariamente os lucros. Nessa esteira, editou-se a Lei n. 4.137/62, que conceitua as formas de abuso, atribui competência ao Conselho Administrativo de Defesa Econômica (Cade), regulamenta seu procedimento administrativo e o processo judicial.

Na Constituição de 1946, são fundamentos da Ordem Econômica e Social a liberdade de iniciativa e a valorização do trabalho humano. A União Federal conserva a faculdade de intervir no domínio econômico e de monopolizar determinada indústria ou atividade, mas, cautelosamente, a Constituição previne que a intervenção terá por base o interesse público e por limite os direitos fundamentais nela assegurados.[13]

1.1.5 A Constituição brasileira de 1967 e a Emenda Constitucional n. 1/69

Quanto à Constituição de 1967, que assinalava a ordem econômica como meio para a realização da justiça social, pode-se citar como aquisições originais o mencionar pela primeira vez a expressão "função social da propriedade" e o regime de igualdade entre as empresas estatais exploradoras de atividade econômica e as privadas, até mesmo quanto aos direitos do trabalho e das obrigações.

A Constituição de 1967 estava voltada, essencialmente, para o fortalecimento do Poder Executivo e da autoridade do Presidente da República.

Seu art. 163 permitia a intervenção e o monopólio de determinada indústria ou atividade

> mediante lei federal, quando indispensável por motivo de segurança nacional ou para setor que não possa ser desenvolvido com eficácia no regime de competição e de liberdade de iniciativa, assegurados os direitos e garantias individuais.

[13] HORTA, Raul Machado. *Estudos de direito constitucional*, p. 61.

Seabra Fagundes, analisando as modalidades de intervenção previstas na Constituição de 1967,

> distinguia a exploração direta monopolística da não monopolística. O texto autoriza a diferenciação, todavia, parece-nos que são espécies de um mesmo gênero, e não modalidades distintas, posto que o fator de discrímen é o nível de restrição aos princípios que integram a base da ordem econômica.[14]

Em 1969, por emenda constitucional, foi assinalada a finalidade da ordem econômica, atrelando seus objetivos à realização da justiça social (art. 160), embora antes dela seja mencionada a efetivação do desenvolvimento nacional.

A novidade, no entanto, foi que as contribuições passaram a ser consideradas tributos por força da Emenda Constitucional n. 1/69, que estabeleceu, ao lado da competência da União para instituir impostos, a competência para instituir contribuições de intervenção no domínio econômico, de interesse da previdência social e de categorias profissionais (art. 21, § 2º, I).

1.1.6 A Constituição Federal de 1988

A Constituição da República de 1988 reserva o Capítulo I do Título VII à Ordem Econômica Constitucional, preceituando em seu art. 170:

> A ordem econômica, fundada na valorização do trabalho humano e na livre iniciativa, tem por fim assegurar a todos existência digna, conforme os ditames da justiça social, observados os seguintes princípios: [...].

Ao contrário da Carta anterior, a atual não contempla a expressão "intervenção do Estado no domínio econômico" porque a

[14] FAGUNDES, M. Seabra. Da ordem econômica na nova Constituição. *Revista Forense*, p. 21.

atuação no domínio econômico é deferida aos particulares, cabendo tão somente ao Estado assumir excepcionalíssimas hipóteses do art. 173 da Constituição.

A valorização dos princípios permitiu a adoção da fórmula de Estado Democrático de Direito. Como consequência, observa Maria Sylvia Zanella di Pietro, houve:

> nova ampliação do princípio da legalidade, que passou a abranger; não apenas as leis e atos normativos do Executivo com força de lei, mas também os valores e princípios contidos de forma expressa ou implícita na Constituição. A lei recuperou o seu conteúdo axiológico.[15]

O campo de atuação do Estado-Empresário restou diminuto, pois a nova ordem constitucional aduziu que somente poderia percorrer tal caminho na hipótese de imperativo de segurança nacional ou relevante interesse coletivo.

O antigo modelo do Estado intervencionista, marcado pela total absorção da prestação de serviços públicos antes realizada por particulares, foi colocado em dúvida. O ano de 1990 foi marcado por uma intensa ruptura do padrão de intervenção do Estado na economia, com a revisão de papel do Estado, voltando-se para a promoção de um intenso programa de privatização e para a reforma da Administração Pública.

Nesse aspecto, Luiz Carlos Bresser-Pereira observa:

> Se os anos 80 foram os anos da crise de um Estado que cresceu demasiadamente e foi capturado por interesses particulares, ao mesmo tempo que perdia autonomia relativa em face do processo de globalização da economia mundial, os anos 90 têm sido os anos da reforma do Estado e, particularmente, da reforma da administração pública. À medida que se tornava claro que a proposta

[15] DI PIETRO, Maria Sylvia Zanella (org.). *Direito regulatório*: temas polêmicos, p. 42.

> neoconservadora ou neoliberal de atribuir ao mercado toda a coordenação da economia e reduzir o Estado ao mínimo não era realista, não correspondendo nem aos anseios da sociedade nem às necessidades das economias nacionais, a questão da reconstrução do Estado e da reforma de seu serviço tornou-se central.[16]

A Constituição de 1988 define os campos de atuação do Estado na economia, expressos nos arts. 173 e 174, que explicitam as diversas formas de atuação, sempre respeitando os princípios indicados no art. 170 (princípios gerais da atividade econômica).

Nesse agora reduzido campo de intervenção do Estado na economia, em excepcionais hipóteses, a Constituição de 1988 introduziu no sistema tributário brasileiro a técnica dos tributos afetados a finalidades específicas, dando-lhe o nome de *contribuições*, conforme se verifica nos seus arts. 149 e 195, *caput* e incisos I, II e III.

Assim, no dizer de Tácio Lacerda Gama,

> os enunciados constitucionais que disciplinam a intervenção no domínio econômico integram a competência para edição de contribuições interventivas. Na criação desses tributos, devem ser respeitados todos os enunciados que delimitam o que é e como deverá ser feita a intervenção. Se a intervenção do Estado na economia for inconstitucional o tributo seguirá a mesma sorte.[17]

A contribuição de intervenção no domínio econômico é, portanto, afetada à sua finalidade, qual seja, custear a ação do Estado no domínio econômico.

Após tratar do significado da atuação do Estado no domínio econômico, iniciaremos o estudo dessa espécie de tributo, prevista atualmente nos arts. 149 e 177, § 4º, da Constituição Federal.

---

[16] PEREIRA, Luiz Carlos Bresser; SPINK, Peter (org.). *Reforma do Estado e administração pública gerencial*, p. 8.

[17] GAMA, Tácio Lacerda. *Contribuição de intervenção no domínio econômico*, p. 226.

1.1.7 A atuação do Estado no domínio econômico, nos dias atuais

A expressão *domínio econômico* consiste no conjunto de atividades econômicas ligadas à produção e à distribuição de bens e prestação de serviços no mercado.

Nas palavras de Tácio Lacerda Gama,

> Domínio Econômico inclui tanto conjunto de atividades econômicas em sentido estrito, quanto os "serviços públicos" prestados em regime de direito público. Conceitua-se domínio econômico como estrato de linguagem descritiva das relações sociais, diretamente relacionadas a atividades de produção, circulação de bens e prestação de serviços para o mercado.
>
> Já a ordem econômica consiste no conjunto de normas jurídicas que disciplinam as relações econômicas. É diferente do domínio econômico. O domínio econômico está no plano dos fatos sociais, nos quais se processa a atividade econômica.
>
> O alcance da expressão "intervenção no domínio econômico" identifica as competências conferidas pela Constituição Federal, para que a União edite atos normativos relacionados ao sistema social econômico.

Com isso, compreende-se que prestações o Estado poderá exigir diante do exercício dessas competências.[18]

Vital Moreira lembra que,

> em um primeiro sentido, "ordem econômica" é o modo de ser empírico de uma determinada economia concreta; a expressão, aqui, é termo de um conceito de fato e não de um conceito normativo ou de valor (é conceito do mundo do ser, portanto); o que o caracteriza é a circunstância de referir-se não a um conjunto de regras ou normas reguladoras de relações sociais, mas sim a uma relação entre fenômenos econômicos e materiais, ou seja, relação entre

[18] GAMA, Tácio Lacerda. *Contribuição de intervenção no domínio econômico*, p. 230-232.

> fatores econômicos concretos; conceito do mundo do ser, exprime a realidade de uma inerente articulação do econômico como fato; em um segundo sentido, "ordem econômica" é expressão que designa o conjunto de todas as normas (jurídica, religiosa, moral etc.), que respeitam à regulação do comportamento dos sujeitos econômicos; é o sistema normativo (no sentido sociológico) da ação econômica; em um terceiro sentido, "ordem econômica" significa ordem jurídica da economia.[19]

A Constituição de 1988, em seu art. 170, identifica, na realidade, duas ordens - uma "econômica" e outra "social" -, indicando que o capitalismo se transforma à medida que assume novo caráter - o social. O art. 170 contém os fundamentos e princípios que regem toda a ordem econômica nacional, sempre com a finalidade de assegurar a todos existência digna, conforme os ditames da justiça social.

Na visão de Marcos Juruena Villela Souto,[20] são cinco as formas de intervenção do Estado no domínio econômico: a normativa, a repressiva, a tributária, a regulatória e a exploração direta da atividade econômica.

Para esse autor,

> dá-se a intervenção normativa através da concessão da proteção e benefícios especiais e temporários a empresas brasileiras de capital nacional que desenvolvem atividades estratégicas para defesa nacional, ou imprescindíveis ao desenvolvimento do país. Por este mecanismo, o Estado incentiva setores privados, em vez de ele próprio exercer tais atividades. Os artigos 172 e 219, CF, asseguram a possibilidade de outorga destes benefícios mesmo após a supressão do artigo 171, CF, pela EC n. 6/95. Dá-se, ainda, a permissão do ingresso do capital estrangeiro no país, em hipóteses que a lei regulará.

---

19 Vital Moreira, *A ordem jurídica do capitalismo, apud* GRAU, Eros Roberto. *A ordem econômica na Constituição de 1988*, p. 55-56.

20 SOUTO, Marcos Juruena Villela. *Desestatização, privatização, concessões e terceirizações*, p. 2.

A intervenção repressiva visa coibir o abuso do poder econômico que tenha por finalidade a dominação de mercados, a eliminação de concorrência e o aumento arbitrário dos lucros. É a defesa instituída no art. 173, § 4º, da Constituição.

A intervenção tributária caracteriza-se pela utilização do tributo como meio de execução de uma política de seleção de fatos que denota capacidade econômica contributiva, ou para privilegiar alguns setores. É o caso do art. 149 da Constituição Federal, que prevê a instituição das contribuições de intervenção no domínio econômico.

Há ainda a intervenção regulatória, que, para Marcos Juruena Villela Souto, "atua sobre decisões empresariais, com vistas ao atendimento de interesses públicos".

E, por fim, há a intervenção mediante a exploração direta da atividade econômica, que ocorre quando necessária aos imperativos de segurança nacional ou quando tem por objetivo atender a relevante interesse coletivo (art. 173, CF).

Para Tácio Lacerda Gama,[21] são apenas duas as formas de atuação do Estado no domínio econômico: a atuação participativa,

---

21 Para Tácio Lacerda Gama, na ação participativa, o Estado atua como agente do processo produtivo. "Sua atuação consiste em produzir e comercializar bens, prestar serviços, públicos ou privados. Nesse caso, a doutrina distingue os casos em que o Estado presta serviços públicos daqueles em que explora diretamente a atividade econômica, sob o regime de direito privado. Na exploração direta da atividade econômica, o Estado atua como empresário, em regime de direito privado, em igualdade de condições com os agentes da livre-iniciativa. Já a prestação de serviços públicos, também presente na ação participativa do Estado, é feita em regime de direito público, sendo a competência prescrita no art. 175 da Constituição Federal: Incumbe ao poder público, na forma de lei, diretamente ou sob regime de concessão ou permissão, sempre através de licitação, a prestação de serviços públicos. Nesse caso, o Estado pode atuar diretamente ou por meio de terceiros – autorizados, concessionárias e permissionárias. A outra forma de atuação do Estado no domínio econômico seria ação normativa, identificada no art. 174 da Constituição Federal. Nesta forma de atuação, o Estado edita normas jurídicas e fiscaliza o seu cumprimento, através de duas formas:

prevista no art. 173, § 1º, da Constituição Federal, e a atuação normativa, prevista no art. 174 da mesma Constituição.

Eros Roberto Grau alerta para a diferenciação que deve ser feita entre intervenção e atuação estatal, sendo que esta última denota significado mais amplo:

> Intervenção indica, em sentido forte (isto é, na sua conotação mais vigorosa), no caso, atuação estatal em área de titularidade do setor privado; atuação estatal, simplesmente, ação do Estado tanto na área de titularidade própria quanto em área de titularidade do setor privado. Em outros termos, teremos que intervenção conota atuação estatal no campo da atividade econômica em sentido estrito; atuação estatal, ação do Estado no campo da atividade econômica em sentido amplo.[22]

Passa-se a discorrer, com mais detalhes, sobre as diferentes formas de atuação do Estado no domínio econômico, aqui adotando a diferenciação entre a exploração direta da atividade econômica e a exploração indireta do Estado.

---

a fiscalização e o fomento da atividade econômica" (GAMA, Tácio Lacerda. *Contribuição de intervenção no domínio econômico*, p. 242-247).

22 GRAU, Eros Roberto. *A ordem econômica na Constituição de 1988*, p. 83.

2

DA EXPLORAÇÃO DA ATIVIDADE ECONÔMICA PELO ESTADO

Analisar as formas de intervenção estatal na economia possibilita identificar a divisão entre o Estado intervencionista e regulamentador da atividade econômica.[23]

Para Eros Roberto Grau, ao Estado são atribuídas funções na organização do processo econômico. Situando-as de maneira sintética, correspondem a duas grandes categorias: a intervenção estatal na economia e sobre a economia.

2.1 DA EXPLORAÇÃO DIRETA DE ATIVIDADE ECONÔMICA PELO ESTADO

Nessa forma de atuação, o Estado atua como empresário, comprometendo-se com a atividade produtiva, quer sob a forma de empresa pública, quer sob a de economia mista.

Indica o texto da Constituição Federal, no art. 173, *caput,* as hipóteses nas quais é permitida ao Estado a exploração direta de atividade econômica.

---

[23] CARVALHO, Vinícius Marques de. Desregulação e reforma do Estado no Brasil: impacto sobre a prestação de serviços públicos. *In:* DI PIETRO, Maria Sylvia Zanella (org.). *Direito regulatório*: temas polêmicos, p. 159.

Trata-se, aqui, de atuação do Estado, isto é, da União, dos Estados-Membros, dos Municípios e do Distrito Federal, como agentes econômicos, em área de titularidade do setor privado.

A atividade econômica em sentido amplo é dividida em dois campos: o do serviço público e o da atividade econômica em sentido estrito. As hipóteses indicadas no art. 173 da Constituição são aquelas em que é permitida a atuação da União, dos entes políticos e dos Municípios nesse segundo campo.

A competência para explorar diretamente a atividade econômica está prescrita no art. 173 da Constituição Federal. Para desempenho dessa competência, o Estado deverá criar empresas públicas ou sociedades de economia mista, exercendo, em ambos os casos, suas atividades segundo o regime de direito privado comum às empresas privadas. A justificativa para que o Estado exerça essa competência é o atendimento de situações consideradas por lei necessárias à manutenção da segurança nacional ou ao relevante interesse coletivo.

O art. 173 da Constituição Federal autoriza a exploração excepcional da atividade econômica pelo Estado. Caso ocorra essa excepcionalidade, para atuação o Estado se submete ao regime do direito privado.

No entendimento de Hamilton Dias de Souza e Tércio Sampaio Ferraz Júnior,

> da interpretação do dispositivo verifica-se que os casos de exploração direta da atividade econômica pelo Estado são aqueles expressamente previstos na Constituição (art. 21 e art. 177 da CF/88) ou, excepcionalmente, quando houver problemas relacionados com a Segurança Nacional ou relevante interesse coletivo, definido em lei.[24]

Como forma de exploração direta do Estado na atividade econômica, há, ainda, a prestação dos serviços públicos.

---

24 SOUZA, Hamilton Dias de; FERRAZ JÚNIOR, Tércio Sampaio. Contribuição de intervenção no domínio econômico. *In:* MARTINS, Ives Gandra da Silva (coord.). *Pesquisas Tributárias*, p. 66.

Serviço público, segundo Celso Antônio Bandeira de Mello, é

> toda atividade de oferecimento de utilidade ou comodidade material destinada à satisfação da coletividade em geral, mas fruível singularmente pelos administrados, que o Estado assume como pertinentes aos seus deveres e que presta por si mesmo ou por quem lhe faça as vezes, sob regime de Direito Público - portanto consagrador de prerrogativas de supremacia e de restrições especiais, instituídas em favor dos interesses definidos como públicos no sistema normativo.[25]

Para J. Cretella Júnior, serviço público é "toda atividade que o Estado exerce, direta ou indiretamente, para a satisfação do interesse público, mediante procedimento de direito público".[26]

Maria Sylvia Zanella di Pietro entende que

> serviço público é toda atividade material que a lei atribui ao Estado para que a exerça diretamente ou por meio de seus delegados, com o objetivo de satisfazer concretamente às necessidades coletivas, sob regime jurídico total ou parcialmente público.[27]

Celso Antônio Bandeira de Mello chama a atenção para que sejam bem diferenciados os institutos da prestação dos serviços públicos e da exploraçao estatal da atividade econômica:

> A distinção entre uma coisa e outra é óbvia. Se está em pauta atividade que o Texto Constitucional atribuiu aos particulares e não atribuiu ao Poder Público, admitindo, apenas, que este excepcionalmente possa empresá-la quando movido por imperativos da segurança nacional,

[25] BANDEIRA DE MELLO, Celso Antônio. *Prestação de serviços públicos e administração indireta*, p. 20.

[26] CRETELLA JÚNIOR, José. *Curso de direito administrativo*, p. 409.

[27] DI PIETRO, Maria Sylvia Zanella (org.). *Direito regulatório*: temas polêmicos p. 84.

> ou acicatado por interesse público relevante, como tais definidos em lei (artigo 173 da Lei Magna), casos em que operará, basicamente, na conformidade do regime de Direito Privado, é evidente que em hipóteses quejandas não se estará perante atividade pública, e, portanto, não se estará perante serviços públicos.[28]

Para José Afonso da Silva, há duas formas de exploração direta da atividade econômica: o monopólio, que agora é reservado somente à hipóteses indicadas no art. 177 da Constituição Federal, ou seja, ela incide, basicamente, nas áreas de petróleo, gás natural e minério ou materiais nucleares; a outra é a necessária, ou seja, quando o exigir a segurança nacional ou interesse coletivo relevante (art. 173).

Para esse doutrinador, "instrumentos de participação do Estado na economia são a empresa pública, a sociedade de economia mista e outras entidades estatais ou paraestatais",[29] destinadas à exploração das respectivas atividades econômicas.

2.2 DA EXPLORAÇÃO INDIRETA: O ESTADO COMO AGENTE NORMATIVO E REGULADOR DA ATIVIDADE ECONÔMICA

No que tange ao art. 174 da Constituição Federal, a expressão *atividade econômica* é utilizada em outro sentido, aludindo à atividade econômica em sentido amplo. Diz respeito à globalidade da atuação estatal, como agente normativo e regulador da atividade econômica, absorvendo as funções de incentivo, planejamento e fiscalização.[30]

---

[28] BANDEIRA DE MELLO, Celso Antônio. *Curso de direito administrativo*, p. 583.

[29] SILVA, José Afonso da. *Curso de direito constitucional positivo*, p. 784-785.

[30] Para Tácio Lacerda Gama, "fala-se em fomento na ordem econômica, quando o Estado planeja e incentiva a economia. Sob a nomenclatura 'fomento', há duas formas de atuação do Estado no domínio econômico: o planejamento e o incentivo da atividade econômica. No planejamento, veiculam-se, por meio de lei ordinária ou complementar, diretrizes para o desenvolvimento

Um dos fundamentos da ordem econômica é justamente a liberdade de iniciativa, prevista no art. 170, o qual, em seu inciso IV, aponta ainda a livre concorrência como um de seus princípios obrigatórios.

Isso significa que a Administração Pública não tem título jurídico para aspirar a reter em suas mãos o poder de outorgar aos particulares o direito ao desempenho da atividade econômica, pois o direito de fazê-lo advém diretamente da Constituição.

Com a Constituição de 1988, tornou-se explícito (art. 174) que nem mesmo o planejamento econômico feito pelo Poder Público para algum setor de atividade pode impor-se como obrigatório para o setor privado, mas apenas indicativo.

Tratando-se de planejamento, o Estado não pode impor aos particulares nem mesmo o atendimento às diretrizes ou intenções pretendidas, mas apenas incentivar. O Estado pode atrair os particulares, mediante planejamento indicativo que se apresente como sedutor para condicionar a atuação da iniciativa privada.

---

de determinado setor da economia. No incentivo, a atuação estatal é feita por meio de uma pessoa jurídica, ou fundo de recursos, criado especialmente para desenvolver um setor da economia. O planejamento é exercido pela edição de normas gerais e abstratas. É um instrumento de racionalização da intervenção do Estado no domínio econômico. Esta modalidade é a que mais se ajusta à competência atribuída pelo art. 174, § 1º: 'A lei estabelecerá as diretrizes e bases do planejamento do desenvolvimento nacional equilibrado, o qual incorporará e compatibilizará os planos nacionais e regionais de desenvolvimento'. O incentivo da atividade econômica como modalidade de fomento consiste em uma atuação positiva de órgão estatal no sentido de implementar as normas gerais e abstratas de direito econômico. Para isso, cria-se uma pessoa jurídica que atuará como órgão promotor do desenvolvimento de um determinado setor da economia. Já na fiscalização da atividade econômica, o Estado disciplina o exercício de direitos no domínio econômico, competência conferida, também, pelo art. 174 da Constituição. É um típico caso de atuação do poder de polícia, especialmente qualificado pelo fato de regular o exercício de direitos econômicos" (GAMA, Tácio Lacerda. *Contribuição de intervenção no domínio econômico*, p. 248-253).

José Afonso da Silva entende que a verdadeira "intervenção" do Estado no domínio econômico é fundada no art. 174 da Constituição Federal, em que o Estado aparece como agente normativo e regulador da atividade econômica e que compreende as funções de fiscalização, incentivo e planejamento, caracterizando o Estado regulador, o Estado promotor e o Estado planejador da atividade econômica.

Para esse doutrinador, a fiscalização "pressupõe o poder de regulamentação, visando controlar o cumprimento das determinações daquele e, em sendo o caso, apurar responsabilidades e aplicar penalidades cabíveis".[31] O incentivo consiste em "proteger, estimular, promover, apoiar, favorecer e auxiliar as atividades particulares que satisfaçam necessidades ou conveniências de caráter geral." E, por fim, o planejamento consiste em "processo de intervenção estatal no domínio econômico, com o fim de organizar atividades econômicas para obter resultados previamente colimados. É um instrumento de racionalização da intervenção do Estado no domínio econômico e ocorre mediante a elaboração de planos".[32]

2.3 DA REPRESSÃO AO ABUSO DO PODER ECONÔMICO

De acordo com a doutrina, no tópico da repressão ao abuso do poder econômico, destaca-se, ainda, uma forma de participação do Estado configurada como intervenção. É a participação regulatória, mencionada no § 4º do art. 173, que dispõe que "a lei reprimirá o abuso do poder econômico que vise à dominação dos mercados, à eliminação da concorrência e ao aumento arbitrário dos lucros".

Desse modo, o abuso do poder econômico, quando afetar a concorrência, permitirá, também, a intervenção do Estado, chamada intervenção indireta.

Marcos Juruena Villela Souto chama essa forma de atuação do Estado, pautada no art. 173, § 4º, da Constituição, de "intervenção repressiva", conforme já abordado anteriormente.

---

31 SILVA, José Afonso da. *Curso de direito constitucional positivo*, p. 788.

32 SILVA, José Afonso da. *Curso de direito constitucional positivo*, p. 789.

Segundo Hamilton Dias de Souza e Tércio Sampaio Ferraz Júnior,

> a intervenção indireta do Estado ocorrerá em duas hipóteses: (a) naquela descrita no parágrafo 4º do art. 173, que prevê a atuação do Estado para reprimir abuso do poder econômico que vise a dominação dos mercados, a eliminação da concorrência e o aumento arbitrário dos lucros e que tem, portanto, natureza regulatória e (b) na contida no art. 174, que permite a atuação do Estado como agente normativo e regulador da atividade econômica, exercendo as funções de fiscalização, incentivo e planejamento, sendo este apenas indicativo para o setor privado e determinante para o poder público.[33]

Efetuadas as diferenciações entre as formas de atuação do Estado no domínio econômico, faz-se necessário partir para o estudo do campo da incidência das contribuições de intervenção no domínio econômico, nosso objeto de estudo.

[33] SOUZA, Hamilton Dias de; FERRAZ JÚNIOR, Tércio Sampaio. Contribuição de intervenção no domínio econômico. *In:* MARTINS, Ives Gandra da Silva (coord.). *Pesquisas Tributárias*, n. 8, p. 67.

3

CONTRIBUIÇÕES DE INTERVENÇÃO NO DOMÍNIO ECONÔMICO

3.1 INTRODUÇÃO

Na década de 1980, os recursos externos para financiamento de obras públicas, infraestrutura e investimentos se tornaram escassos, e, paralelamente às dificuldades financeiras, o Estado se mostrou ineficiente como empresário, com altos custos de produção e baixa qualidade de gestão, muitas vezes exercida por meio de indicações políticas, sem experiência ou formação executiva.

Inovações tecnológicas, principalmente nas telecomunicações, permitiram à sociedade, por meio da informação, conhecer novos conceitos de eficiência e atividades estatais.

Com a comparação de custos e resultados obtidos pela ação direta do Estado na economia, transformações sociais, econômicas e políticas criaram um ambiente propício para que o Estado transferisse para a iniciativa privada diversas atividades desempenhadas até então pelo setor público.

Sob o paradigma do Estado Democrático de Direito, fundado nos valores da dignidade da pessoa humana, na construção de uma sociedade livre, com a participação popular nos destinos da nação, da cidadania, em valores sociais do trabalho e da livre-iniciativa, o Estado deve exercer seu poder e soberania para garantir aos indivíduos o pleno exercício da cidadania, o que significa efetivamente o gozo de direitos políticos, civis e, principalmente, de direitos sociais que garantem a participação do indivíduo na riqueza nacional.

A Constituição de 1988, em título que trata da Ordem Econômica, passou a limitar a atuação do Estado como agente empresário na economia.

Ao Estado, a Constituição reservou a exploração indireta da atividade econômica como regra e a participação na exploração direta como exceção prevista no art. 173, nos casos em que se fizer necessária aos imperativos da segurança nacional ou a interesse coletivo relevante, conforme definidos em lei.

Como forma de intervenção indireta, a Constituição reservou, dentre outras atuações expostas no tópico anterior, seu art. 174 à atuação do Estado, que na forma da lei exercerá a funções de fiscalização, incentivo e planejamento.

O Estado atua, conforme o mandamento constitucional, na fiscalização da atividade econômica mediante o exercício do poder de polícia.

No planejamento da atividade econômica, compete à União a edição de normas que prescrevam diretrizes para o desenvolvimento de determinado setor da economia, conforme já exposto no tópico anterior.

Já o incentivo à atividade econômica poderá ocorrer conforme ditames do art. 149 da Constituição Federal, e é justamente nessa forma de atuação do Estado que se encaixa a criação da contribuição de intervenção no domínio econômico.

Nas palavras de Marco Aurélio Greco,[34] as contribuições de intervenção no domínio econômico são figuras voltadas para o futuro: o legislador, ao instituí-las, quer modificar uma realidade. Mediante sua instituição, busca-se alcançar determinados objetivos.

Para esse autor, a teoria que dá apoio ao estudo da ciência do Direito Tributário, em sua feição clássica, explica apenas fatos

---

[34] GRECO, Marco Aurélio. *Contribuições*: uma figura "sui generis", p. 30.

passados, não sendo apta a conviver com o futuro. Daí a necessidade de procurar desenhar uma teoria jurídica para o futuro que permita explicar a figura das contribuições. Estas não estão qualificadas pelo fato gerador, sendo exigências que se voltam à busca de determinado fim.

3.2 CRITÉRIOS DE VALIDAÇÃO DA NORMA

Importante efetuar uma breve análise, neste tópico, sobre as teorias da validade das normas jurídicas, para que se possa aferir a validade ou não das normas que instituem as contribuições de intervenção no domínio econômico no ordenamento jurídico.

Tércio Sampaio Ferraz Júnior afirma que normas são entendidas como uma forma de comunicação normativa, que ocorre em dois níveis: quem comunica envia uma mensagem consistente num conteúdo ou relato e, simultaneamente, uma mensagem consistente na expectativa de como o receptor recebe o relato – relação ou cometimento. Essa relação, no caso da norma jurídica, é uma relação de autoridade, que espera confirmação, admite negação, mas não suporta desconfirmação.[35]

Para que a norma seja válida, segundo esse autor, é preciso que a relação de autoridade esteja de antemão imunizada, isto é, é preciso que a autoridade esteja imune contra a possível desconfirmação do sujeito.

Tércio Sampaio Ferraz Júnior aponta dois modelos de validação das normas hierarquicamente subordinadas: o modelo de validação condicional e o modelo de validação finalística.[36]

---

35 FERRAZ JÚNIOR, Tércio Sampaio. *Introdução ao estudo do direito*: técnica, decisão, dominação, p. 182.

36 Sobre os modelos de validação, Tércio Sampaio Ferraz Júnior dispõe que, "ocorrendo a relação de imunização de dois modos, condicional e finalístico, a validade será também condicional ou finalística. Na validade condicional, a norma imunizante, por seu relato ou conteúdo, neutraliza diretamente o cometimento (relação de autoridade) da norma imunizada, de tal modo que o relato ou conteúdo desta independe de fins a serem atingidos

No modelo de validação condicional, Marco Aurélio Greco afirma que "a norma jurídica preocupa-se em prever determinadas situações como habilitadoras da prática de determinado ato, da realização de determinada atividade, da edição de determinada norma jurídica, e assim por diante".

Nesse contexto, aponta,

> entendem-se os valores como critérios negativos, algo a não ser violado; ou seja, para não permitir a violação de determinado valor, edita-se uma norma. O modelo condicional, a rigor, apoia-se no que "é" (daí ser uma visão voltada para o passado), e a norma, como regra, vem depois do fato.[37]

Já no modelo de validação finalística, as normas de competência autorizam a edição de uma lei *para que* se obtenha um resultado, sendo um modelo modificador da realidade.

Esse segundo modelo de regulação volta-se para o futuro e a norma vem antes do fato. O núcleo regulado pela norma não é o que ocorreu, mas é o que se quer que ocorra.

(o importante é que meios sejam respeitados, ainda que fins não sejam alcançados). Já na validade finalística, a norma imunizante, por seu relato ou conteúdo, imuniza a relação de autoridade ou cometimento da norma imunizada por meio da prescrição de fins que o conteúdo ou relato da norma imunizada devam atingir. Ao contrário da primeira, nesta se estabelece uma solidariedade entre meios e fins (é importante que os meios estejam adequados aos fins, no sentido de que estes sejam alcançados). Isto tem uma consequência importante para a verificação ou controle da validade das normas. A validade condicional exige uma técnica retrospectiva, isto é, para saber se uma norma vale condicionalmente, deve-se remontar a sua norma imunizante e à norma imunizante desta, até chegar à primeira norma ou norma origem. Já a validade finalística é prospectiva: para saber se uma norma vale, finalisticamente, é preciso verificar se os fins foram atingidos conforme os meios prescritos" (FERRAZ JÚNIOR, Tércio Sampaio. *Introdução ao estudo do direito*: técnica, decisão, dominação, p. 184).

[37] GRECO, Marco Aurélio. *Contribuições*: uma figura "sui generis", p. 118.

Marco Aurélio Greco dispõe que, na Constituição Federal de 1988, há a consagração dos dois modelos básicos de validação das normas instituidoras de exações pecuniárias compulsórias:

> O modelo condicional, de caráter eminentemente "causalista", no sentido de que a exigência só será validamente exigida se atrelada a um determinado evento que, não se verificando, invalida a exação e, se esta ocorreu antecipadamente, os valores recebidos devem ser devolvidos por não terem fundamento de validade, e o modelo finalístico, de caráter eminentemente "modificador", no sentido de que justifica-se pela vinculação à busca de uma finalidade ou objetivo. Neste segundo caso, cria-se a exigência para obter certo resultado.[38]

As contribuições de intervenção no domínio econômico devem adequar-se às finalidades previstas pela Constituição para que sejam válidas.

Vale dizer, segundo Paulo Roberto Lyrio Pimenta, que:

> a competência tributária, neste caso, é vinculada aos fins, não ao motivo (meios). Disso se infere que o traço característico das contribuições especiais no direito brasileiro é que são exações instituídas para alcançar determinados fins qualificados constitucionalmente.[39]

Assim, quando a Constituição adota uma técnica de validade finalística, sua qualificação volta-se ao objetivo ou resultado almejado. A lei, portanto, será constitucional porque sua previsão é compatível com a obtenção da finalidade qualificada.[40]

---

[38] GRECO, Marco Aurélio. *Contribuições*: uma figura "sui generis", p. 121-122.

[39] PIMENTA, Paulo Roberto Lyrio. *Contribuições de intervenção no domínio econômico*, p. 16-17.

[40] Marco Aurélio Greco adota os seguintes critérios para saber se a norma inferior é compatível com o fim previsto na norma superior: "os critérios da necessidade, adequação e proibição do excesso. O critério da necessidade

3.3 NATUREZA JURÍDICA X REGIME JURÍDICO DAS CONTRIBUIÇÕES DE INTERVENÇÃO NO DOMÍNIO ECONÔMICO

Para abordar o tema da natureza jurídica das contribuições de intervenção no domínio econômico, é importante efetuar uma análise do art. 149 da Constituição Federal:

> Art. 149. Compete exclusivamente à União instituir contribuições sociais, de intervenção no domínio econômico e de interesse das categorias profissionais ou econômicas, como instrumento de sua atuação nas respectivas áreas, observado o disposto nos arts. 146, III, e 150, I e II, e sem prejuízo do previsto no art. 195, parágrafo 6º, relativamente às contribuições a que alude o dispositivo.

Com base nesse dispositivo, a doutrina e a jurisprudência afirmaram a natureza tributária dessa exação.

O Supremo Tribunal Federal (STF) decidiu pela natureza tributária das contribuições de intervenção no domínio econômico, por meio do Recurso Extraordinário n. 146.733-9/SP, em que se discutia a constitucionalidade da contribuição social sobre o lucro instituída pela Lei n. 7.689/88, quando o Ministro Moreira Alves optou pela classificação quinquipartida; por meio do Recurso Extraordinário n. 177.137-2 (RS), publicado no *DJ* de 18 de abril de 97, e da Ação Direta de Inconstitucionalidade n. 2.925-8-DF, publicada no *DJ* de 4 de março de 2005.

Cumpre ressaltar que a natureza jurídica de um instituto não pode ser confundida com seu regime jurídico.

---

diz respeito a quanto ser, ou não, preciso fazer alguma coisa (editar uma norma) em relação àquela finalidade. Com o critério da adequação, deve-se verificar se, na relação entre meios e fins, o meio é pertinente àquele fim, se é adequado para atingir aquele resultado previsto na norma superior. Com o critério da proibição de excesso, é indispensável que a disciplina específica não seja excessiva, em relação ao fim visado" (*Contribuições*: uma figura "sui generis", p. 126-128).

Para Paulo Roberto Lyrio Pimenta, o regime jurídico é

> o conjunto de normas e princípios que regem determinada categoria do direito positivo, mas não é a essência da figura. É algo que vem depois. Ou seja, trata-se do revestimento normativo de determinada entidade, que não é um dado essencial para identificar a sua natureza. Assim sendo, dois institutos podem ter naturezas distintas, embora se submetam ao mesmo regime. Há que se observar, ainda, que a Constituição não atribuiu o regime jurídico tributário para as contribuições, contentando-se em estender para tais prestações a aplicação de alguns dispositivos que compõem esse regramento.
>
> [...] Com efeito, entre nós o critério jurídico para identificar a natureza jurídica de uma determinada prestação no âmbito do direito tributário é o da adequação ao conceito jurídico positivo de tributo, prescrito no art. 3º do CTN.[41]

Marco Aurélio Greco afirma que o regime jurídico deve ser diferenciado da natureza ou essência da figura. Assim, a natureza de uma figura jurídica não é dada pelo seu regime jurídico; o regime jurídico é o perfil formal de determinada entidade, mas não a própria entidade.[42]

No caso das contribuições de intervenção no domínio econômico, sua natureza jurídica é de tributos; entretanto, nem por isso seu regime constitucional será idêntico ao tributário, porque várias diferenças resultam do exame da Constituição Federal de 1988.[43]

---

41 PIMENTA, Paulo Roberto Lyrio. *Contribuições de intervenção no domínio econômico*, p. 13.

42 GRECO, Marco Aurélio. *Contribuições*: uma figura "sui generis", p. 70.

43 Tácio Lacerda Gama identifica o regime jurídico direto e o indireto, a que estariam submetidas as contribuições de intervenção no domínio econômico. "O regime jurídico direto compreende o conjunto de enunciados integrantes da norma de competência tributária que disciplina a criação e modificação desses tributos, por força de expressa determinação constitucional. O regime jurídico indireto, por sua vez, é composto pelo conjunto

3.4 CLASSIFICAÇÃO DAS ESPÉCIES TRIBUTÁRIAS

Geraldo Ataliba entende, com o apoio de outros tributaristas, que

> as contribuições não se confundem com as taxas, nem com os impostos, mas também não constituem gênero que a eles se oponha. São espécies de tributo vinculado, ao lado da taxa. Desta se distingue por um *quid plus* na estrutura da materialidade da h.i.[44]

Característica basilar das contribuições é a vinculação aos fins, não sendo, pois, definido pelo constituinte critério material para sua imposição, o que ocorre para os impostos, taxas e contribuições de melhorias, nos quais a norma imunizante define a materialidade, ou seja, a regra-matriz de sua incidência.

Como premissa fundamental, a contribuição aqui discutida é um tributo. Geraldo Ataliba tem-na ou como imposto, ou como taxa, presente a divisão dos tributos em vinculados e não vinculados.[45]

Entretanto, diante do que dispõem a doutrina e os julgados, as contribuições são espécies de tributo, classificadas como contribuições, ou "contribuições parafiscais", ou "contribuições especiais".

Como espécie de tributo, as contribuições não se confundem com o imposto nem com a taxa.

Os tributos, no sistema constitucional brasileiro, podem ser classificados da seguinte forma: a) *não vinculados*: os impostos; b) *vinculados*: as taxas, as contribuições: de melhoria; parafiscais ou especiais; e c) *especial*: o empréstimo compulsório.

Para Geraldo Ataliba, que identifica a existência de três espécies tributárias, tributos não vinculados são aqueles cuja hipótese de

---

de enunciados que integram a norma de competência reguladora da instituição dos tributos, em gênero. Aplica-se às contribuições interventivas em face de sua natureza tributária" (GAMA, Tácio Lacerda. *Contribuição de intervenção no domínio econômico*, p. 134-135).

44 ATALIBA, Geraldo. *Hipótese de incidência tributária*, p. 193.

45 ATALIBA, Geraldo. *Hipótese de incidência tributária*, p. 193.

incidência consiste na conceituação legal dum fato qualquer que não constitua atuação estatal, como é o caso dos impostos. Já os tributos vinculados são aqueles cujo aspecto material da hipótese de incidência consiste numa atuação estatal. Nessa espécie encontram-se as taxas e as contribuições de melhoria.[46]

Leandro Paulsen, de forma detalhada, classifica as espécies tributárias em:

> a) impostos
> a.1. nominados (art. 145, I, 153, 155 e 156)
> a.2. residuais (art. 154, I)
> a.3. extraordinários de guerra (art. 154, II)
> b) taxas
> b.1.1. de poder de polícia (art. 145, II, 1ª parte)
> b.1.2. de serviços públicos específicos e divisíveis (art. 145, II, 2ª parte)
> c) contribuições de melhoria (art. 145, III)
> d) contribuições especiais
> d.1.1. sociais
> d.1.1.1. gerais (art. 149, 1ª parte)
> d.1.1.2. de seguridade social (art. 195, I, II, III)
> d.1.1.3. de seguridade social residual (art. 195, § 4º)
> d.1.1.4. de previdência e assistência do funcionalismo público estadual, distrital e municipal (art. 149, parágrafo único)
> d.1.2. de intervenção no domínio econômico (art. 149, 2ª parte)
> d.1.3. do interesse das categorias profissionais ou econômicas (art. 149, 3ª parte)
> e) empréstimos compulsórios
> e.1.1. extraordinários de calamidade ou guerra (art. 148, I)
> e.1.2. de investimento (art. 148, II).[47]

[46] ATALIBA, Geraldo. *Hipótese de incidência tributária*, p. 137-146.

[47] PAULSEN, Leandro. *Direito tributário*: Constituição, Código Tributário e Lei de Execução Fiscal à luz da doutrina e jurisprudência, p. 39.

Adota-se, aqui, a identificação de cinco espécies tributárias no Direito brasileiro, quais sejam: os impostos, as taxas, as contribuições de melhoria, os empréstimos compulsórios e as contribuições especiais, nas quais se incluem as contribuições de intervenção no domínio econômico.

É importante demonstrar, uma a uma, a diferenciação entre os tributos para que se delimitem as características das contribuições de intervenção no domínio econômico.

- **Impostos:** o imposto, segundo Paulo de Barros Carvalho, é "o tributo que tem por hipótese de incidência (confirmada pela base de cálculo) um fato alheio a qualquer atuação do Poder Público".[48]

É da índole do imposto a inexistência de participação do Estado, incidindo sobre fatos quaisquer – uma pessoa física auferir renda; industrializar produtos; praticar operações financeiras; ser proprietária de bem imóvel; prestar serviços; realizar operações relativas à circulação de mercadorias, dentre outros.

O art. 16 do Código Tributário Nacional (CTN) dispõe que "imposto é o tributo cuja obrigação tem por fato gerador uma situação independente de qualquer atuação estatal específica, relativa ao contribuinte".

A identificação da natureza dos impostos traz importantes consequências jurídicas, já que se identifica também o regime jurídico a ser aplicado. Assim,

> com efeito, os princípios, imunidades e demais dispositivos constitucionais serão os de imposto, ainda que exista previsão de destinação específica para aquilo que se arrecada, ou mesmo de devolução do valor arrecadado, após determinado tempo.[49]

[48] CARVALHO, Paulo de Barros. *Curso de direito tributário*, p. 28.

[49] GAMA, Tácio Lacerda. *Contribuição de intervenção no domínio econômico*, p. 101.

Não há como confundir as contribuições de intervenção no domínio econômico com os impostos, já que estes independem de qualquer atuação estatal, ao passo que as contribuições de intervenção no domínio econômico, tidas como contribuições especiais, em face dos critérios que lhes são fornecidos pela Constituição, a finalidade e a afetação do destino da arrecadação, têm em seu cerne a atuação estatal específica em determinado setor.

- **Taxas:** para Paulo de Barros Carvalho, taxas são tributos que se caracterizam por apresentarem, na hipótese da norma, a descrição de um fato revelador de uma atividade estatal, direta e especificadamente dirigida ao contribuinte. Diferem dos impostos, e a análise de suas bases de cálculo deverá exibir, forçosamente, a medida da intensidade da participação do Estado.[50]

As taxas são tributos vinculados a uma atuação estatal, ao lado das contribuições. Para Luciano Amaro,

> as taxas são tributos cujo fato gerador é configurado por uma atuação estatal específica, referível ao contribuinte, que pode consistir: a) no exercício regular do poder de polícia; ou b) na prestação ao contribuinte, ou colocação à disposição deste, de serviço público específico e divisível (CF, art. 145, II; CTN, art. 77).[51]

Geraldo Ataliba adota o critério da referibilidade para distinguir as taxas das contribuições. Para esse autor, quando a atuação estatal se referir diretamente ao contribuinte, como no exercício do poder de polícia ou na prestação de um serviço público, poderá ser instituída uma taxa com aquela atividade descrita em sua hipótese de incidência.[52]

---

[50] CARVALHO, Paulo de Barros. *Curso de direito tributário*, p. 30.

[51] AMARO, Luciano. *Direito tributário brasileiro*, p. 30.

[52] GAMA, Tácio Lacerda. *Contribuição de intervenção no domínio econômico*, p. 102.

Paulo de Barros Carvalho aponta dois elementos que diferenciam a contribuição (aqui seria a contribuição de melhoria) da taxa:

> Pressupõem obra pública e não serviço público; e dependem de um fator intermediário, que é a valorização do bem imóvel. Daí dizer-se que a contribuição de melhoria é um tributo vinculado a uma atuação do Poder Público, porém indiretamente referido ao obrigado.[53]

As taxas, portanto, não se confundem com as contribuições, já que nestas últimas não é obrigatória a vinculação com a atividade estatal referida ao contribuinte.

- **Contribuições de melhoria:** as contribuições de melhoria, à semelhança das taxas, são tributos vinculados a determinada ação estatal.

O CTN, referindo-se a essa espécie tributária, dispõe que esses tributos são arrecadados dos proprietários de imóveis beneficiados por obras públicas, tendo como limite total a despesa realizada.

A atuação estatal será, portanto, uma obra pública que irá oferecer determinada melhoria aos contribuintes. Essa contribuição poderá ser cobrada até o limite do valor gasto pelo Estado com a obra, dividido pelo número de imóveis beneficiados diretamente com a realização destas.

- **Empréstimos compulsórios:** os empréstimos compulsórios são previstos no art. 148 da Constituição Federal. Segundo esse dispositivo, o empréstimo compulsório, de competência da União, é criado

> para atender despesas extraordinárias, decorrentes de calamidade pública, de guerra externa ou de sua iminência, ou no caso de investimento público de caráter urgente e de relevante interesse nacional, observado o disposto no art. 150, III, "b".

[53] CARVALHO, Paulo de Barros. *Curso de direito tributário*, p. 33.

Sem tais situações não há que se falar em instituição de empréstimos compulsórios.

O parágrafo único desse art. 148 prescreve, ainda, que a aplicação dos recursos provenientes desse tributo serão vinculados à despesa que fundamentou sua instituição. Entretanto, o traço distintivo desse tributo está na previsão expressa de restituição dos valores arrecadados, o que o diferencia dos demais.

Assim, o tributo poderá ser configurado como empréstimo compulsório desde que contenha as seguintes identificações: previsão legal da destinação para o produto da arrecadação e previsão legal de restituição do montante arrecadado ao contribuinte ao final de um período.

- **Contribuições especiais:** na categoria das contribuições especiais encontram-se as seguintes subespécies, identificadas no art. 149, *caput*, da Constituição Federal: contribuições sociais, contribuições de intervenção no domínio econômico e contribuições de interesse de categorias profissionais ou econômicas, outorgando-as à competência da União.

Há que se fazer um reparo terminológico, posto que grande parte da doutrina alude às contribuições sociais como gênero, no qual as demais espécies estariam enquadradas, enquanto outra corrente prefere falar em contribuições ou contribuições especiais para não se confundir com contribuições de melhoria como gênero.

Nas palavras de Paulo Roberto Lyrio Pimenta, o art. 149 da Constituição já deixava clara a separação feita entre as contribuições sociais ao lado das demais indicadas como contribuição de intervenção no domínio econômico e de interesse das categorias profissionais ou econômicas. "Esta linha de posicionamento foi ratificada pela Emenda Constitucional n. 33/2001, que deu nova redação ao artigo 149, inserindo o § 2º, o qual diferencia claramente as contribuições sociais das interventivas."[54]

---

[54] PIMENTA, Paulo Roberto Lyrio. *Contribuições de intervenção no domínio econômico*, p. 11.

Neste trabalho será dado enfoque específico à subespécie contribuição de intervenção no domínio econômico, sobre a qual passamos a discorrer no próximo capítulo.

3.5 PRINCÍPIOS E NORMAS CONSTITUCIONAIS DE DIREITO TRIBUTÁRIO APLICÁVEIS ÀS CONTRIBUIÇÕES DE INTERVENÇÃO NO DOMÍNIO ECONÔMICO

Neste tópico, será feita uma análise dos princípios jurídicos da tributação e das normas constitucionais aplicáveis às contribuições de intervenção no domínio econômico.

Por se tratar de uma análise da aplicação ou não dos princípios e normas constitucionais tributários, serão tecidas inicialmente considerações gerais sobre princípios. Em seguida, far-se-á a análise da norma de competência do art. 149 da Constituição Federal, diante dos princípios aplicáveis às contribuições.

Os princípios são elementos fundamentais dotados de universidade e perenidade; são pressupostos lógicos necessários às diversas normas legislativas, presentes no momento de sua criação e aplicação.

Segundo Celso Antônio Bandeira de Mello, princípio é um

> mandamento nuclear de um sistema, verdadeiro alicerce dele, disposição fundamental que se irradia sobre diferentes normas, compondo-lhes o espírito e servindo de critério para a exata compreensão e inteligência. E exatamente porque definem a lógica e a racionalidade do sistema normativo, constituem-se no fundamento que lhe dá sentido harmônico.[55]

Para José Souto Maior Borges, "é o princípio que iluminará a inteligência da simples norma, que esclarecerá o conteúdo e os

[55] BANDEIRA DE MELLO, Celso Antônio. *Curso de direito administrativo,* p. 112.

limites da eficácia de normas constitucionais esparsas, as quais têm que se harmonizar com ele".[56]

Na lição de Paulo de Barros Carvalho, os princípios são

> linhas diretivas que iluminam a compreensão de setores normativos, imprimindo-lhes caráter de unidade relativa e servindo de fator de agregaçao a um dado feixe de normas. Exercem uma reação centrípeta, atraindo em torno de si regras jurídicas que caem sobre seu raio de influência e manifestam a força de sua presença.[57]

Paulo Nader, sobre os princípios, esclarece que eles

> são importantes em duas fases principais na vida do direito: na elaboração das leis e na aplicação do direito. São os princípios que dão consistência ao edifício do direito, enquanto que os valores dão-lhe sentido. A qualidade da lei depende, entre outros fatores, dos princípios escolhidos pelo legislador. O fundamental, tanto na vida como no direito são os princípios, porque deles tudo decorre.[58]

Por fim, De Plácido e Silva conceitua os princípios como o "conjunto de regras ou preceitos que se fixam para servir de norma a toda espécie de ação jurídica, traçando a conduta a ser tida em uma operação jurídica".[59]

Os princípios jurídicos representam os valores materiais que a sociedade elegeu. Dworkin os define como um *standard* que há de ser observado por ser uma exigência da justiça, da equidade ou de alguma outra dimensão da moralidade.[60]

---

56 BORGES, José Souto Maior. *Lei complementar tributária*, p. 13.

57 CARVALHO, Paulo de Barros. *Curso de direito tributário*, p. 90.

58 NADER, Paulo. *Introdução ao estudo do direito*, p. 234.

59 SILVA, de Plácido e. *Vocabulário jurídico*, p. 1095.

60 DWORKIN, Ronald. *Los derechos en serio*, p. 72.

Constituem as proposições primárias do direito, estão vinculados àqueles valores que fundam a sociedade, que exprimem o que foi por ela eleito como considerado o justo.

Os princípios se impõem ao legislador, à jurisprudência, à administração e aos particulares, à interpretação do Direito de acordo com os valores por eles espelhados.

Em virtude de sua generalidade, os princípios obrigam à adequação das normas secundárias e das condutas aos valores que incorporam. As regras jurídicas estabelecem o dever ser, ou seja, regulam especificamente o comportamento e a conduta social, dizem como devemos agir em determinadas situações específicas, previstas por essas regras. Já os princípios estabelecem direções em que deveriam situar-se as normas. Assim, cabe aos princípios, enquanto proposições fundamentais, orientar concretamente o direito, qualificando as normas de acordo com determinados padrões axiológicos.

Destacam-se, aqui, os princípios maiores do Direito Tributário, que englobam outros princípios, a saber: o princípio da legalidade, o princípio da isonomia, o princípio da capacidade contributiva, o princípio da anterioridade, o princípio da vedação do confisco e o princípio da liberdade de tráfego.

O princípio da legalidade encontra-se no texto constitucional, nos arts. 5º, II, e 150, I. Genericamente, consagra o art. 5º, II, que "ninguém será obrigado a fazer ou deixar de fazer alguma coisa senão em virtude de lei".

A legalidade tributária, por sua vez, está consagrada no art. 150, I:

> Sem prejuízo de outras garantias ao contribuinte, é vedado à União, aos Estados, ao Distrito Federal e aos Municípios:
>
> I – exigir ou aumentar tributo sem que a lei o estabeleça. [...]

Daí se poder afirmar que a causa da tributação é sempre uma lei, e sem lei não há tributo.

Sobre esse princípio, afirma Alberto Xavier:

> O princípio da legalidade no Estado de Direito não é já, pois, mera emanação de uma ideia de autoatribuição, de livre consentimento dos impostos; antes passa a ser encarado por uma nova perspectiva, segundo a qual a lei formal é o único meio possível de expressão da justiça material. Dito em outras palavras: o princípio da legalidade tributária é o instrumento – único válido para o Estado de Direito – de revelação e garantia da justiça tributária.[61]

O princípio da legalidade é a forma de preservação da segurança. Não quer dizer apenas que a relação de tributação é jurídica, mas que essa relação, no que tem de essencial, há de ser regulada em lei, no seu sentido específico.

Tratando-se de contribuições de intervenção no domínio econômico, por imposição do mencionado art. 149 da Constituição Federal, deve ser observado para a instituição de tais exações o disposto nos arts. 146, III, e 150, I e II, do mesmo texto legal.

No que tange ao princípio da legalidade tributária, não restam dúvidas sobre sua aplicação quanto às contribuições de intervenção no domínio econômico.

O segundo princípio aqui destacado é o princípio da isonomia.

A Constituição de 1988 consagra o princípio da isonomia em termos amplos, determinando que "todos são iguais perante a lei, sem distinção de qualquer natureza" (art. 5º), e estabelecendo, no campo da tributação, norma vedando à União, aos Estados, ao Distrito Federal e aos Municípios "instituir tratamento desigual entre contribuintes que se encontrem em situação equivalente" (art. 150, II).

Em matéria tributária, esse princípio é dirigido ao legislador, no sentido de evitar normas que o quebrem. No entanto, o princípio da isonomia tributária é inaplicável às contribuições, uma vez que o

61 XAVIER, Alberto. *Os princípios da legalidade e da tipicidade da tributação*, p. 11.

art. 150, II, da Constituição veda instituir tratamento desigual e proíbe qualquer distinção em razão de ocupação profissional ou função por ele exercida.

A impossibilidade de aplicação da isonomia tributária não implica afastar a incidência da regra geral da igualdade consagrada no art. 5° da CF/88, que permite a observância da regra no grupo afetado, mas não o confronto com outros grupos ou setores.[62]

O princípio da capacidade contributiva foi incluído no art. 145, § 1º, da Constituição de 1988 e diz que, sempre que possível, os impostos terão caráter pessoal e serão graduados segundo a capacidade econômica do contribuinte.

Importante destacar que o princípio da capacidade contributiva só está expressamente previsto, no Brasil, em relação aos impostos, e não ao gênero tributos, que engloba ainda as taxas, as contribuições de melhoria, os empréstimos compulsórios e as contribuições especiais, dentre estas as contribuições de intervenção no domínio econômico.

Certo é que o princípio da capacidade contributiva fica mais fácil de ser visualizado no tocante aos tributos não vinculados, como os impostos, tal qual o Imposto de Renda. Entretanto, a orientação é que, independentemente de previsão constitucional explícita, o princípio da capacidade contributiva deve ser admitido também em relação aos tributos vinculados, embora em relação a esses funcione simplesmente como um princípio de justiça.[63]

Entende-se que o texto constitucional obriga o legislador, sempre que possível, a graduar na instituição do imposto, levando em consideração a capacidade contributiva do contribuinte, ou seja, sendo possível, o legislador tem o dever legal de graduar o peso da tributação, segundo a capacidade econômica do contribuinte.

[62] PIMENTA, Paulo Roberto Lyrio. *Contribuições de intervenção no domínio econômico*, p. 26-58.

[63] MACHADO, Hugo de Brito. *Os princípios jurídicos da tributação na Constituição de 1988*, p. 71.

Tratando-se de contribuições de intervenção no domínio econômico, o princípio da capacidade contributiva não tem alcance. Parte da doutrina, entretanto, visualiza essa possibilidade em razão de a natureza da intervenção agir sobre atos reveladores de riqueza; assim, o referido princípio deve ser aplicado, uma vez que pela própria essência da intervenção pressupõe atos reveladores de riqueza.[64]

Tem-se, ainda, o princípio da anterioridade como princípio expresso na Constituição de 1988.

O princípio da anterioridade encontra-se disposto no art. 150, inciso III, alínea "b", da Constituição Federal e dispõe que é vedado à União, aos Estados, ao Distrito Federal e aos Municípios cobrar tributo no mesmo exercício financeiro em que houver sido publicada a lei que o instituiu ou aumentou.

Não se confunde, entretanto, com o princípio da anualidade e com o da irretroatividade. O princípio da anualidade dispõe que nenhum tributo poderá ser cobrado, em cada exercício, sem que esteja prevista sua cobrança no orçamento.

Esse princípio não foi previsto na Constituição de 1988. Já o princípio da irretroatividade, comum a todos os ramos do Direito, estabelece que a lei não incidirá sobre fato ocorrido antes do início de sua vigência.

A contribuição de intervenção no domínio econômico encontrava-se como exceção ao princípio da anterioridade, podendo a exação, caso tenha sua alíquota reduzida, ser restabelecida, por ato do Poder Executivo, conforme o art. 177, § 4°, I, "b", o que representaria uma majoração, sem que lhe seja aplicado o princípio da anterioridade. Com o advento da Emenda Constitucional n. 42/2003, porém, foi inserida a alínea "c" no art. 150, III, da Constituição de 1988, que estabeleceu o princípio da anterioridade nonagesimal, como de observância obrigatória a todos os entes políticos detentores de competência tributária quando do exercício de seu mister legislativo.

---

64 PIMENTA, Paulo Roberto Lyrio. *Contribuições de intervenção no domínio econômico*, p. 58.

O princípio da vedação do confisco foi inserido expressamente no art. 150, IV, da Constituição de 1988 e veda a utilização do tributo com efeito de confisco.

Assim, a tributação jamais pode ter conotação confiscatória, até mesmo sob pena de descaracterizar a natureza tributária e ingressar no campo da punição. O conceito é por demais amplo, no entanto cabe analisar, no caso concreto, se a exigência excede a possibilidade de colaborar para os cofres públicos, e passa a configurar verdadeira penalidade.

Hugo de Brito Machado afirma que,

> de todo modo, mesmo em face das dificuldades de interpretação resultantes da indefinição do que seja um tributo com efeito de confisco, o preceito constitucional demonstra um rumo a ser seguido pela tributação no Brasil. Ela deve ser um instrumento pelo qual o Estado há de obter os meios financeiros para o atendimento de seus gastos. Nunca, porém, um instrumento de extinção da propriedade privada.[65]

No que tange às contribuições de intervenção no domínio econômico, esse princípio é plenamente aplicável. Para a instituição da intervenção em tela, deve o legislador sopesar a necessidade e adequação da contribuição de intervenção no domínio econômico, não podendo esta sobrepujar o direito à livre-iniciativa e o direito à propriedade.

O princípio da liberdade de tráfego encontra-se disposto no art. 150, V, da Constituição de 1988 e proíbe a instituição de tributo em cuja hipótese de incidência seja elemento essencial à transposição das fronteiras do Estado ou do Município. Entretanto, a preservação da liberdade de tráfego não impede a cobrança de pedágio pela utilização de vias conservadas pelo Poder Público, como ressalva o texto constitucional.

---

[65] MACHADO, Hugo de Brito. *Os princípios jurídicos da tributação na Constituição de 1988*, p. 103.

Marco Aurélio Greco chama a atenção para a incompatibilidade da limitação às contribuições. O autor fundamenta seu posicionamento nas contribuições que têm como referencial determinado grupo e visam atender a necessidades ou interesses que lhes são próprios. Assim, não é, em princípio, incompatível que, no bojo da respectiva disciplina das contribuições, exista a previsão de incidências ligadas ao tráfego.

O mencionado autor assim dispõe sobre assunto:

> A eventual inconstitucionalidade em razão da violação ao direito de ir e vir não deve ser examinada no âmbito da simples incidência pecuniária (no caso das contribuições), mas sim no exame da própria atuação da União. Por isso, entendo que o inciso V, do art. 150 não é, em si mesmo, aplicável às contribuições. Contribuição não pode, em si, conter restrições ao tráfego; mas a atuação da União na área econômica, social e profissional é que deve ser aferida se viola, ou não, uma liberdade de ir e vir.[66]

Assim, tratando-se de contribuições, não há violação direta a esse princípio, mas poderá ocorrer a violação de outra espécie, se a atuação da estatal for inconstitucional.

3.6 APLICAÇÃO DO CÓDIGO TRIBUTÁRIO NACIONAL ÀS CONTRIBUIÇÕES DE INTERVENÇÃO NO DOMÍNIO ECONÔMICO

A partir da edição da Emenda Constitucional n. 18/65, foi introduzido no Brasil o sistema tributário de caráter nacional.

A Emenda Constitucional n. 18/65 instituiu um sistema tributário integrado no plano econômico e jurídico em vez do sistema anterior, de origem política, com autônomos sistemas tributários federal, estadual e municipal.

Na lição de Alberto Nogueira sobre exações anteriores à Emenda Constitucional n. 18/65, "milhares de exações se confundiam,

[66] GRECO, Marco Aurélio. *Contribuições*: uma figura "sui generis", p. 224.

diferenciando-se, na maior parte das vezes, apenas pela denominação formal, e eram instituídas como o meio mais fácil para resolver problemas de caixa das entidades estatais".[67]

A legislação dos Estados e Municípios não tinha vínculo com a legislação nacional e era concebida para aumentar suas competências e alcançar mais receita.

A Emenda Constitucional n. 18/65 delimitou, além dos princípios tributários, tal como a legalidade tributária para a segurança da relação jurídico-tributária entre o Estado e o contribuinte, a discriminação das competências tributárias da Federação, bem como a forma como será repartida a receita tributária entre a União, Estados e Municípios.

A estrutura tributária instituída pela emenda constitucional de 1965 caracterizou-se por um sistema eminentemente rígido e concentrador, no qual a União detinha a maior parte das competências tributárias, instituindo impostos e detendo sob sua administração a receita tributária, reflexo da forte ingerência, na década de 1960, do Estado na economia.

Tamanha é a relevância da Emenda Constitucional n. 18/65 para a instituição da estrutura tributária no Brasil que o art. 2º do CTN dispõe:

> O sistema tributário nacional é regido pelo disposto na Emenda Constitucional n. 18, de 1º de dezembro de 1965, em leis complementares, em resoluções do Senado Federal e, nos limites das respectivas competências, em leis federais, nas Constituições e em leis estaduais, e em leis municipais.

Cumpre efetuar, neste tópico, uma breve análise da aplicação do Código Tributário Nacional – Lei n. 5.172, de 25 de outubro de 1966 – às contribuições de intervenção no domínio econômico e seu tratamento conferido pela Constituição de 1988.

---

[67] NOGUEIRA, Alberto. *O devido processo legal tributário*, p. 49.

A Lei n. 5.172/66 foi instituída quando da vigência da Constituição de 1946 e denominada Código Tributário Nacional pelo Ato Complementar n. 36/67, baixado pelo Presidente da República no uso de suas atribuições (conferidas pelo art. 30 do Ato Institucional n. 2).

Leandro Paulsen afirma, sobre a natureza dos atos complementares e a distinção entre eles e os atos institucionais:

> Os atos institucionais foram normas de cunho transitório, baixadas pelo governo revolucionário (Revolução de 1964), em período de exceção, com o objetivo de instituir o novo governo. Por isso, prevaleceram sobre a Constituição até então vigente. Já os atos complementares, como o seu próprio nome denuncia, eram atos baixados pelo Presidente da República de modo a complementar as normas constantes dos atos institucionais. Ambos se situavam hierarquicamente acima das demais espécies normativas.[68]

A Lei n. 5.172/66 foi aprovada à época como lei ordinária da União, já que a Constituição de 1946 não previa a figura da lei complementar, que somente veio a ser definida na Constituição de 1967 e recepcionada nas Constituições seguintes.

Paulo de Barros Carvalho assim dispõe sobre o tema:

> Não excede recordar que a Lei n. 5.172/66 – o Código Tributário Nacional – foi aprovada como lei ordinária da União, visto que naquele tempo a lei complementar não apresentava o caráter ontológico-formal que só foi estabelecido com o advento da Constituição de 1967. Todavia, com as mutações ocorridas no ordenamento anterior, a citada lei adquiriu eficácia de lei complementar, pelo motivo de ferir matéria reservada, exclusivamente, a esse tipo de ato legislativo. E, com tal índole, foi recepcionada pela Constituição de 1988.[69]

---

[68] PAULSEN, Leandro. *Direito tributário*: Constituição e Código Tributário à luz da doutrina e da jurisprudência, p. 445.

[69] CARVALHO, Paulo de Barros. *Curso de direito tributário*, p. 47.

À época, muito se discutiu se o Código Tributário Nacional sobreviveria à Constituição de 1988. Esse tipo de problema foi, na realidade, resolvido pelo princípio da recepção, como observa Luciano Amaro: as normas infraconstitucionais anteriores à Constituição são recepcionadas pela nova ordem constitucional, salvo no que contrariarem preceitos substantivos do novo ordenamento. Quanto à forma de elaboração da norma, foi aplicada a Constituição anterior, já que a lei nasceu formalmente perfeita sob a antiga Constituição.[70]

Conforme se verá a seguir, as contribuições de intervenção no domínio econômico não eram previstas pelo CTN, porém vale lembrar que o Decreto-lei n. 27/66 veio em seguida acrescentar o art. 217 ao CTN simplesmente para dizer que suas disposições não excluíam a incidência e a exigibilidade das contribuições que arrolava e outras de fins sociais criadas por lei.[71]

Marco Aurélio Greco lembra que

> no Brasil cabe ainda mencionar a repercussão que a pressão dos fatos tem trazido no plano da disciplina das contribuições A este respeito, basta mencionar dois fatos. O primeiro refere-se ao CTN, no seu texto original (de 25/10/66), não contemplava a figura das contribuições em geral (apenas previa a de melhoria). Porém, 20 dias depois foi editado o Decreto-Lei n. 27 (de 14/11/66) incluindo o artigo 217 prevendo que as disposições do Código não excluíam a incidência e a exigibilidade da contribuição sindical, da quota de previdência etc. Ou seja, nem mesmo a instituição de todo um novo regime "tributário" foi suficiente para superar o "fato" da existência das figuras e da imperiosa necessidade de com elas conviver. O segundo fato foi a alteração ocorrida no artigo 43 da Constituição de 1967 (com a redação da EC n. 01/69) para introduzir o seu inciso X que apartou as contribuições dos tributos. Ou

---

[70] AMARO, Luciano. *Direito tributário brasileiro*, p. 167.

[71] PAULSEN, Leandro. *Direito tributário*: Constituição e Código Tributário à luz da doutrina e da jurisprudência, p. 142.

> seja, a relevância da figura foi tão grande que justificou até mesmo uma alteração constitucional para distanciá-la do regime típico.[72]

De acordo com o já mencionado em tópico anterior sobre a "natureza jurídica", a definição das contribuições de intervenção no domínio econômico encaixa-se na definição de tributo, o que foi pacificado pela doutrina e jurisprudência atuais.

O art. 3º do CTN dispõe:

> Tributo é toda prestação pecuniária compulsória, em moeda ou cujo valor nela se possa exprimir, que não constitua sanção de ato ilícito, instituída em lei e cobrada mediante atividade administrativa plenamente vinculada.

Enquadrando-se as contribuições de intervenção no domínio econômico no conceito de tributo positivado nesse art. 3º do CTN, conforme já decidido pelo Supremo Tribunal Federal,[73] não se deve ter dúvidas sobre sua natureza tributária e, consequentemente, sobre sua sujeição às normas gerais relativas à tributação, no que não contrariem a finalidade do instituto.

É aplicável, portanto, o art. 3º do CTN às contribuições de intervenção no domínio econômico.

Com relação ao art. 4º, cumpre efetuar uma reserva às contribuições especiais. Segundo esse dispositivo do CTN, a natureza jurídica específica do tributo é determinada pelo fato gerador da

---

72 GRECO, Marco Aurélio. *Contribuições*: uma figura "sui generis", p. 67-68.

73 O Ministro Moreira Alves, no julgamento do RE 146.733-9/SP, assim afirmou: "De efeito, a par das três modalidades de tributos (os impostos, as taxas e as contribuições de melhoria) a que se refere o artigo 145 para declarar que são competentes para instituí-los a União, os Estados, o Distrito Federal e os Municípios, os artigos 148 e 149 aludem a duas outras modalidades tributárias, para cuja instituição só a União é competente: o empréstimo compulsório e as contribuições sociais, inclusive as de intervenção no domínio econômico e de interesses das categorias profissionais ou econômicas".

respectiva obrigação, sendo irrelevante a denominação e características adotadas por lei e a destinação legal do produto da arrecadação.

Após a incorporação ao sistema tributário das contribuições especiais e dos empréstimos compulsórios, pode-se afirmar que o critério estabelecido no art. 4º encontra-se superado, pois não se presta à identificação das contribuições especiais e empréstimos compulsórios.

Marco Aurélio Greco observa que

> contribuição é categoria distinta dos tributos cujas leis instituidoras estão validadas condicionalmente. Contribuição não é imposto nem taxa. É categoria à parte, sujeita a critério distinto de validação e a disciplina inconfundível. Pretender reduzir a contribuição a um imposto ou a uma taxa é negar a qualificação constitucionalmente adotada; é confundir o que a Constituição distingue. Quando a Constituição quis prever um imposto de escopo, ela o fez expressamente (impostos extraordinários), vinculando explicitamente a figura do imposto, que se tipifica por ser caracterizado em função da materialidade do seu fato gerador, a uma determinabilidade constitucionalmente consagrada. A contribuição é caracterizada pela inerência da finalidade à sua essência, mas não pode ser reconduzida à figura do imposto, pois a própria Constituição não atrela nenhuma materialidade à respectiva norma atributiva de competência instituidora, além de claramente, não incluir a figura na categoria dos impostos.[74]

Importa caracterizar que, para fins de validação das contribuições de intervenção no domínio econômico, a Constituição se utilizou da previsão de finalidade, o que não ocorre com os impostos, qualificados pela materialidade do fato gerador.

A finalidade, nas contribuições de intervenção no domínio econômico, é critério de aferição da constitucionalidade da respectiva lei que as instituiu.

---

[74] GRECO, Marco Aurélio. *Contribuições*: uma figura "sui generis", p. 144.

O traço identificador das contribuições especiais no Direito brasileiro, assim, é que são exações instituídas para alcançar determinados fins qualificados constitucionalmente. E mais, desse traço decorre outra identificação das contribuições: o produto da arrecadação necessariamente deverá ser destinado à finalidade para a qual o tributo foi criado.[75]

O art. 5º do CTN, da mesma forma, não poderá ser aplicado às contribuições especiais. O mencionado dispositivo estabelece que "os tributos são impostos, taxas e contribuições de melhoria".

Conforme dissemos anteriormente, a doutrina e a jurisprudência, consolidadas pelo entendimento do Supremo Tribunal Federal, preveem cinco espécies de tributos, a saber: impostos, taxas, contribuições de melhoria, empréstimos compulsórios e contribuições especiais, estes últimos instituídos pela Constituição de 1988.

Assim, encontra-se também superado o art. 5º do CTN, já que as contribuições especiais (dentre elas as contribuições de intervenção no domínio econômico) têm regime jurídico próprio, não podendo ser enquadradas como impostos, tampouco como taxas ou contribuições de melhoria.

É de se verificar, portanto, que se aplicam às contribuições de intervenção no domínio econômico as normas gerais do sistema tributário nacional (instituídas na Lei n. 5.172/66 – Código Tributário Nacional –, recepcionado no que não afrontar as normas da Constituição de 1988, que regulamentam as referidas contribuições.

Tal assertiva é corroborada pelo art. 149 da Constituição de 1988, que, ao dispor sobre a competência da União para instituir as contribuições sociais, de intervenção no domínio econômico e de interesse das categorias profissionais ou econômicas, determina a observância do disposto nos arts. 146, III, e 150, I e III, da Constituição, sem prejuízo do previsto no art. 195, § 6º.

---

75 PIMENTA, Paulo Roberto Lyrio. *Contribuições de intervenção no domínio econômico*, p. 17-18.

E o art. 146, III, da Constituição determina exatamente que "cabe à lei complementar estabelecer normas gerais em matéria de legislação tributária".

O art. 146, III, da Constituição versa sobre a lei complementar que estabelece normas gerais em matéria de legislação tributária. Tais normas são veiculadas pelo CTN, que se baseia nitidamente no modelo de validação causal.

Assim, sendo a técnica de validação das contribuições de intervenção no domínio econômico finalista, aplica-se o CTN às contribuições de intervenção no domínio econômico como norma geral de Direito Tributário, nos aspectos que não sejam incompatíveis com a tratativa dada pela Constituição de 1988 a esses tributos.

4

CARACTERÍSTICAS FUNDAMENTAIS DAS CONTRIBUIÇÕES DE INTERVENÇÃO NO DOMÍNIO ECONÔMICO

Partindo do texto constitucional, as contribuições de intervenção no domínio econômico têm como traço fundamental a finalidade especial para aplicação da arrecadação.

Embora a intervenção possa se dar puramente pela instituição da contribuição em tela, nada impede que seja criado um fundo com o objetivo especifico de custear a atuação sobre o grupo ou setor econômico.

As contribuições de intervenção no domínio econômico têm o objetivo de alcançar determinada finalidade, com base no texto constitucional. São exigências fundamentais para sua instituição:

a) finalidade;

b) existência de um grupo ou setor;

c) arrecadação destinada à finalidade para qual a exação tiver sido instituída.[76]

4.1 FINALIDADE

O motivo da intervenção é uma situação prevista na Constituição que impõe a necessidade da medida interventiva. A base da

[76] CASSONE, Vittorio. *Direito tributário*: fundamentos constitucionais da tributação, classificação dos tributos, interpretação da legislação tributária, doutrina, prática e jurisprudência, p. 127.

ordem refere-se aos motivos, ou seja, diz "por que" o Estado deve intervir.[77]

A Constituição Federal qualifica diversos fins a serem buscados. Na lição de Marco Aurélio Greco, além disso, no seu conjunto, a Constituição introduz outro ingrediente, igualmente importante, porém muito delicado, qual seja, o de prever compromissos assumidos pela e perante a sociedade, os quais implicam a necessidade de realizar condutas em função deles.[78]

4.2 EXISTÊNCIA DE UM GRUPO OU SETOR

Outro elemento característico das contribuições é identificar a existência de um grupo econômico ou social ao qual se refira a finalidade constitucional autorizadora da instituição da contribuição. Se não há um grupo ao qual a finalidade se refira, falta um elemento do modelo constitucional das contribuições. No caso da de intervenção no domínio econômico, é a ideia de setor, ramo ou segmento.[79]

4.3 ARRECADAÇÃO DESTINADA À FINALIDADE PARA A QUAL A EXAÇÃO TIVER SIDO INSTITUÍDA

A Constituição autoriza a criação das contribuições interventivas para que funcionem como fonte de custeio da intervenção do Estado no domínio econômico. É justamente a destinação específica que autoriza sua criação.[80]

---

77 PIMENTA, Paulo Roberto Lyrio. *Contribuições de intervenção no domínio econômico*, p. 73.

78 GRECO, Marco Aurélio. *Contribuições*: uma figura "sui generis", p. 46.

79 GRECO, Marco Aurélio. *Contribuições*: uma figura "sui generis", p. 243.

80 Tácio Lacerda Gama lembra que, se o destino daquilo que se arrecada com esses tributos não for a intervenção específica que ensejou sua criação, o tributo terá outra natureza, diversa das contribuições. O regime jurídico aplicável também será diverso. Assim, será possível falar em imposto ou em qualquer outra espécie de exação, exceto em contribuição interventiva (*Contribuição de intervenção no domínio econômico,* p. 266).

5

A CIDE-COMBUSTÍVEL

5.1 INTRODUÇÃO: A REALIDADE ALMEJADA PELO LEGISLADOR

Com a Constituição de 1988, ficou estabelecido que as contribuições de intervenção no domínio econômico seriam instituídas em razão do seu aspecto finalístico, não tendo sido prestigiada, inicialmente, a determinação das materialidades possíveis de cada um desses tributos, como ocorre com os impostos, taxas e contribuições de melhoria.

Ocorre que, conforme observa Matheus Barreto Dantas,

> com a promulgação das Emendas Constitucionais ns. 33/01 e 42/03, foram expressamente estabelecidas materialidades possíveis para a tributação das contribuições em exame, deixando de ser o aspecto finalístico a única referência admissível para a determinação e instituição do referido tributo.[81]

A Emenda Constitucional n. 33/2001 acresceu, por intermédio do seu art. 1º, o § 2º ao art. 149 da Constituição de 1988,

[81] LIMA, Aristóteles Moreira; LOBO, Marcelo Jatobá (coord.). *Questões controvertidas em matéria tributária*: uma homenagem ao Professor Paulo de Barros Carvalho, p. 507.

estabelecendo em seu inciso II (hoje já alterado pela Emenda Constitucional n. 42/2003) a possibilidade da incidência das contribuições de intervenção no domínio econômico sobre a importação de petróleo e seus derivados, gás natural e seus derivados e álcool combustível.

Inseriu, também, o § 4º no art. 177, que estabelece os requisitos indispensáveis à validade da instituição das contribuições interventivas sobre as materialidades previstas na Constituição.

Com a edição da Emenda Constitucional n. 42/2003, foi alterado o § 2º do art. 149 da Constituição, para estabelecer a possibilidade de incidência das contribuições de intervenção no domínio econômico sobre a importação de produtos estrangeiros ou serviços, mantendo-se, entretanto, as disposições do § 4º do art. 177 da Constituição Federal de 1988.

Assim, foi a Emenda Constitucional n. 33/2001 que trouxe a previsão constitucional da contribuição de intervenção no domínio econômico sobre a importação de petróleo e seus derivados, gás natural e seus derivados e álcool combustível, regulada pela Lei n. 10.336/2001.

A Lei n. 10.336/2001 instituiu a Cide-Combustível, contribuição de intervenção no domínio econômico incidente sobre a importação e a comercialização de gasolina e suas correntes, diesel e suas correntes, querosene de aviação e outros querosenes, óleos combustíveis (*fuel-oil*), gás liquefeito de petróleo (GLP), bem como o derivado de gás natural e de nafta, e álcool etílico combustível.

Prevê a citada lei, em seu art. 3º, como fatos geradores da Cide-Combustível as seguintes operações, realizadas com os combustíveis (gasolinas, diesel, querosenes etc.): a comercialização no mercado interno e a importação, sendo contribuintes da Cide-Combustível o produtor, o formulador e o importador (pessoa física ou jurídica) dos combustíveis relacionados no art. 3º dessa lei.

Importante salientar que a instituição da Cide-Combustível, constitucionalmente prevista após a Emenda Constitucional n. 33/2001, com as alterações da Emenda Constitucional n. 42/2003, tem sua finalidade e destinação essencialmente atreladas aos parâmetros ditados pelo art. 177, § 4º, da Carta Constitucional.

Sendo tributo finalístico, espécie de contribuições especiais, a Constituição prevê que os recursos arrecadados com a Cide-Combustível serão destinados: ao pagamento de subsídios a preços ou transporte de álcool combustível, gás natural e seus derivados e derivados de petróleo; ao financiamento de projetos ambientais relacionados com a indústria do petróleo e do gás; ao financiamento de programas de infraestrutura de transportes, bem como ao financiamento do auxílio destinado a mitigar o efeito do preço do gás liquefeito de petróleo sobre o orçamento das famílias de baixa renda. Este último acrescido pela Lei n. 14.237, de 19 de novembro de 2021, publicada no *DOU* de 22 do mesmo mês, com prazo de vigência de cinco anos, produzindo efeitos desde a abertura dos créditos orçamentários necessários à sua execução.

Assim, o legislador indicou e limitou a finalidade que autoriza a instituição da Cide-Combustível, bem como das demais contribuições interventivas.

Paulo Roberto Lyrio Pimenta[82] afirma que, para aferir a constitucionalidade de determinada norma jurídica, faz-se mister a identificação dos parâmetros de investigação dessa relação. No caso brasileiro, no qual se adota um modelo de Constituição rígida, que contém diversos dispositivos sobre o fenômeno impositivo, os mencionados parâmetros estão nas normas e nos princípios constitucionais.

Para esse autor, os critérios de aferição da constitucionalidade da norma interventiva são: a finalidade (adequação teleológica), o critério espacial, o subjetivo, o objetivo, o motivo, a proporcionalidade e a razoabilidade.

O art. 170 da Constituição Federal prevê alguns objetivos que poderão ser perseguidos por meio da criação das contribuições interventivas. E não é qualquer finalidade que autoriza a instituição

---

82 PIMENTA, Paulo Roberto Lyrio. *Contribuições de intervenção no domínio econômico*, p. 69.

dessas contribuições; é preciso que diga respeito a uma atividade interventiva estatal.

Sem que exista, portanto, uma finalidade na Carta Magna a ser perseguida pela União, não poderão ser instituídas as contribuições, já que a questão da finalidade é critério de formulação do juízo sobre a validade dessas normas.

Além da finalidade, há ainda outros critérios para aferir a constitucionalidade da norma interventiva:

> O critério espacial significa que a intervenção deve se restringir a determinada área/setor, eis que constitui medida de exceção à livre iniciativa. Do critério espacial deriva o subjetivo. Considerando que a intervenção deverá atingir determinado setor, necessariamente alcançará apenas um determinado grupo ou classe de sujeitos.
>
> O critério do objeto também comparece para investigar a constitucionalidade da norma interventiva, exigindo que a atividade de intervenção do Estado alcance a esfera privada, ou os serviços públicos impróprios.
>
> Outro critério a ser observado é o do motivo da intervenção. Deve existir uma situação no plano empírico que autorize o Estado a intervir no domínio econômico para atingir uma finalidade protegida em nível constitucional.[83]

Há, ainda, o critério da proporcionalidade como critério de aferição da constitucionalidade da medida interventiva.

Marco Aurélio Greco[84] afirma que da aplicação do princípio da proporcionalidade decorrem três outros critérios que devem ser considerados quando temos uma norma constitucional que indica um fim a ser atingido: são os critérios da necessidade, da adequação e da proibição do excesso.

---

83 PIMENTA, Paulo Roberto Lyrio. *Contribuições de intervenção no domínio econômico*, p. 81.

84 GRECO, Marco Aurélio. *Contribuições*: uma figura "sui generis", p. 125-127.

Segundo esse autor, cumpre responder à pergunta da necessidade, ou seja, se é preciso fazer alguma coisa (editar uma norma) em relação àquela finalidade.

Em segundo lugar, a norma que vier a ser editada deverá atender ao requisito da adequação, que deve ser verificado em dois planos: no plano funcional, no sentido de ser meio compatível com a obtenção do fim; e no plano substancial, de adequação aos valores consagrados pelo ordenamento.

Por fim, é indispensável que a disciplina específica não seja excessiva em relação ao fim visado, ou seja, não se pode impor disciplina tão rigorosa que acabe negando o resultado que se pretende obter e que justifique a norma inferior, dando-lhe validade.

Ao instituir as contribuições de intervenção no domínio econômico e, mais particularmente, ao ser criada a Cide-Combustível, pretendeu o legislador propiciar a arrecadação de recursos financeiros para o custeio da intervenção no domínio econômico, nas atividades de importação ou comercialização de petróleo e derivados, gás natural e derivados e álcool combustível, com a finalidade de destinação dos recursos às atividades descritas no art. 177, § 4º, da Constituição de 1988.

5.2 ASPECTOS MATERIAIS DA CIDE-COMBUSTÍVEL

Este tópico destina-se ao estudo dos pressupostos materiais caracterizadores da Cide-Combustível, dentre eles os relacionados à finalidade de sua instituição, ao fato gerador, à causa justificadora de sua instituição à sujeição passiva, entre outros.

- **Finalidade de sua instituição:** a contribuição de intervenção econômica Cide-Combustível tem como finalidade intervir no setor de combustíveis para investimento em infraestrutura de transportes, subsídios em combustíveis e financiamento de projetos ambientais ligados à indústrias do petróleo e do gás, além do financiamento do auxílio destinado a mitigar o efeito do preço do gás liquefeito de petróleo sobre o orçamento das famílias de baixa renda. Este último item acrescido pela Lei n. 14.237/2021, com prazo de vigência de cinco anos, produzindo efeitos desde a abertura dos créditos orçamentários necessários à sua execução.

• **Fatos geradores:** a Cide tem como fatos geradores as operações elencadas no art. 3º da Lei n. 10.336/2001, realizadas pelos contribuintes referidos no art. 2º da mesma lei, de importação e de comercialização no mercado interno de:

> I – gasolinas e suas correntes;
>
> II – diesel e suas correntes;
>
> III – querosene de aviação e outros querosenes;
>
> IV – óleos combustíveis (*fuel-oil*);
>
> V – gás liquefeito de petróleo, inclusive o derivado de gás natural e de nafta; e
>
> VI – álcool etílico combustível.

• **Sujeito passivo:** são contribuintes da Cide o produtor, o formulador e o importador, pessoa física ou jurídica, dos combustíveis líquidos relacionados no art. 3º da Lei n. 10.336/2001.

• **Base de cálculo:** nas operações relativas à comercialização no mercado interno, assim como nas operações de importação, a base de cálculo é a "unidade de medida" adotada na Lei n. 10.336/2001, para cada um dos produtos sobre os quais incide a contribuição. Corresponde, assim, à quantidade comercializada do produto, expressa de acordo com o art. 3º da Lei n. 10.336/2001.

• **Dedução do valor de Cide-Combustível pago em operação anterior:** do valor da Cide-Combustível incidente na comercialização no mercado interno, poderá ser deduzido o valor da Cide devido em operação anterior:

a) pago pelo próprio contribuinte quando da importação; ou
b) pago por outro contribuinte quando da aquisição no mercado interno.

Obs.: a dedução será feita pelo valor global da Cide-Combustível pago nas importações realizadas no mês, levando em conta o conjunto de produtos importados e comercializados, sendo desnecessária a segregação por espécie de produto.

- **Alíquotas na** época da instituição do tributo: as alíquotas relacionadas a seguir são as que foram expressas no art. 5º da Lei n. 10.336/2001 e sofreram mudanças ao longo do tempo.

A Cide-Combustível incidirá no mercado interno, assim como na importação, com as seguintes alíquotas:[85]

a) gasolinas e suas correntes, incluídas as correntes que, por suas características, possam ser utilizadas alternativamente para a formulação de diesel, R$ 501,10 por m^3;

b) diesel e as correntes que, por suas características, sejam utilizadas exclusivamente para a formulação de diesel, R$ 157,00 por m^3;

c) querosene de aviação, R$ 32,00 por m^3;

d) outros querosenes, R$ 25,90 por m^3;

e) óleos combustíveis (*fuel oil*), R$ 11,40 por t;

f) gás liquefeito de petróleo (GLP), inclusive o derivado de gás natural e de nafta, R$ 136,70 por t; e

g) álcool etílico combustível, R$ 29,20 por m^3.

---

85 Alíquotas expressas no art. 5° da Lei n. 10.336/2001, alterada pela Lei n. 10.636/2002, trazendo as seguintes alíquotas: a) gasolinas e suas correntes, incluídas as correntes que, por suas características, possam ser utilizadas alternativamente para a formulação de diesel, R$ 860,00 por m^3; b) diesel e as correntes que, por suas características, sejam utilizadas exclusivamente para a formulação de diesel, R$ 390,00 por m^3; c) querosene de aviação, R$ 92,10 por m^3; d) outros querosenes, R$ 92,10 por m^3; e) óleos combustíveis (*fuel oil*), R$ 40,90 por t; f) gás liquefeito de petróleo (GLP), inclusive o derivado de gás natural e de nafta, R$ 250,00 por t; e g) álcool etílico combustível, R$ 37,20 por m^3. Há que se levar em consideração que o art. 8º permitiu ao contribuinte deduzir o valor da Cide, pago na importação ou na comercialização, no mercado interno, dos valores da contribuição para o PIS/Pasep e da Cofins devidos na comercialização, no mercado interno, dos produtos referidos no art. 5º, até o limite previsto neste artigo.

Com relação às alíquotas, teceremos algumas considerações:

O art. 177, § 4º, I, “b”, introduzido pela Emenda Constitucional n. 33/2001, permite que a lei estabeleça simplesmente a alíquota máxima do tributo, deixando ao Executivo o poder de transitar livremente abaixo de tal limite, bem como de proceder ao restabelecimento de alíquotas com aplicação imediata, caracterizando exceção ao princípio constitucional da anterioridade.

Embora alíquota em sentido restrito tenha o significado de um percentual que, aplicado sobre uma base, funciona para a determinação do *quantum* do tributo, no caso da Cide-Combustível são valores fixos em moeda a serem multiplicados pelo volume ou peso definido em lei.[86]

O gráfico a seguir mostra a evolução das alíquotas da Cide--Combustível entre 2002 e 2020 para gasolina e diesel:

Gráfico I – Evolução da alíquota da Cide-Combustível de 2002 a 2020

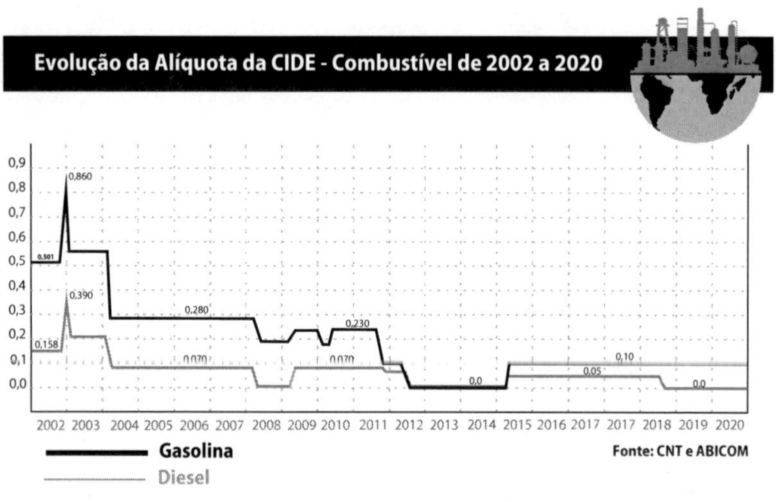

---

86 ATALIBA, Geraldo. *Hipótese de incidência tributária*, p. 113.

• **Pagamento:** no caso de comercialização, no mercado interno, a Cide-Combustível devida será apurada mensalmente e deve ser paga até o último dia útil da primeira quinzena do mês subsequente ao de ocorrência do fato gerador.

Na importação, a Cide-Combustível deverá ser paga na data do registro da declaração de importação (DI).

Não incidência

A Cide não incidirá sobre as receitas de exportação, para o exterior, dos produtos:

I - gasolinas e suas correntes;

II - diesel e suas correntes;

III - querosene de aviação e outros querosenes;

IV - óleos combustíveis (fuel-oil);

V - gás liquefeito de petróleo, inclusive o derivado de gás natural e de nafta; e

VI - álcool etílico combustível.

6

ARRECADAÇÃO E APLICAÇÃO DOS RECURSOS DA CIDE-COMBUSTÍVEL

6.1 PREVISÃO CONSTITUCIONAL E INFRACONSTITUCIONAL PARA DESTINO DOS RECURSOS ARRECADADOS COM A CIDE-COMBUSTÍVEL

Em atendimento ao dispositivo Constitucional do art. 177, § 4º, e da Lei n. 10.336/2001, que instituiu a Cide-Combustível – contribuição de intervenção no domínio econômico incidente sobre a importação e a comercialização de gasolina e suas correntes, diesel e suas correntes, querosene de aviação e outros querosenes, óleos combustíveis (*fuel-oil*), gás liquefeito de petróleo (GLP), bem como o derivado de gás natural e de nafta, e álcool etílico combustível –, os recursos arrecadados devem ser destinados ao pagamento de subsídios a preços ou transporte de álcool combustível, de gás natural e seus derivados e de derivados de petróleo; financiamento de projetos ambientais relacionados com a indústria do petróleo e do gás; financiamento de programas de infraestrutura de transportes; e financiamento do auxílio destinado a mitigar o efeito do preço do gás liquefeito de petróleo sobre o orçamento das famílias de baixa renda, este último incluído pela Lei n. 14.237/2021.

6.2 RECURSOS ARRECADADOS A TÍTULO DE CIDE-COMBUSTÍVEL

Segundo a Receita Federal, a arrecadação da Cide em 2002, seu primeiro ano de vida, correspondeu a mais de R$ 7 bilhões, montante, a propósito, nada desprezível, ainda mais quando se verifica que ele é maior do que todo o imposto de renda pago no mesmo ano por pessoa física que não tem o tributo descontado em folha (R$ 4,461 bilhões). Maior também do que a arrecadação do Imposto sobre Produtos Industrializados (IPI) vinculado à importação (R$ 4,888 bilhões) e do que a soma das receitas obtidas com do IPI sobre o fumo, as bebidas e os automóveis (R$ 6,382 bilhões).[87]

Gráfico 2 – Comparativo de Arrecadações em Relação ao CIDE-Combustível

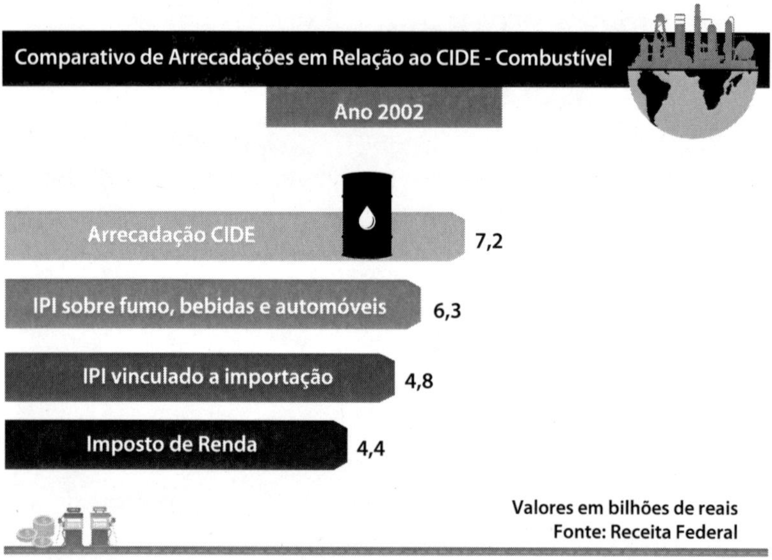

Como se pode verificar na Tabela 1, o montante arrecadado acumulado nos quatro primeiros anos de cobrança da contribuição ultrapassam a casa dos R$ 31 bilhões:

[87] Tribunal de Contas da União. Processo: TC-015.719/2001-5.

Tabela 1 – Arrecadação da Cide-Combustível entre 2002 e 2005 – valores em R$ mil

EXERCÍCIO	2002	2003	2004	2005
Arrecadação – Cide-Combustível				
Arrecadação total (A)	7.582.673	8.407.846	7.817.000	7.685.581

Fonte: Tribunal de Contas da União. Processo: TC-003.965/2006-7.

Desses recursos, a Emenda Constitucional n. 42/2003 determinou a transferência de 25% da arrecadação da Cide-Combustíveis para Estados e Distrito Federal, e que desse montante 25% fosse transferido aos Municípios. Para atender ao mandamento constitucional foi aprovada a Lei n. 10.866/2004, que alterou a Lei n. 10.336/2001 e regulamentou a partilha das transferências da Cide-Combustíveis.

Posteriormente, a Emenda Constitucional n. 44/2004 deu nova redação ao art. 159 da CF e determinou que a distribuição do produto da arrecadação da contribuição de intervenção no domínio econômico prevista no art. 177, § 4º, passasse para 29% para os Estados e o Distrito Federal, mantendo o repasse dos Estados aos Municípios de 25% desses recursos.

Importante destacar que parte da arrecadação é transferida trimestralmente aos Estados e ao Distrito Federal (janeiro, abril, julho e outubro) e que 25% desses recursos é transferido aos Municípios. A Secretaria do Tesouro Nacional (STN) consulta no Sistema de Acompanhamento Financeiro (Siafi) as informações classificadas do trimestre anterior e transfere ao Banco do Brasil o valor global a ser repassado, que, no caso da Cide-Combustíveis, corresponde a 29% da arrecadação líquida desse tributo. O Banco do Brasil, por sua vez, credita nas contas dos Estados e Distrito Federal (contas essas já existentes e vinculadas à destinação legal de financiar programas de infraestrutura de transportes) os respectivos valores que lhes cabem, segundo percentuais individuais calculados e informados anualmente até março pelo Tribunal de Contas da União (TCU). Vinte e cinco por cento dos valores creditados transitam então pelas contas dos Estados e são automaticamente transferidos para contas individuais preexistentes vinculadas aos Municípios do respectivo Estado, também segundo percentuais informados pelo TCU.[88] Os valores creditados são vinculados e serão destinados aos seus Municípios para serem aplicados no financiamento de programas de infraestrutura de transportes.

Em 2006, foram arrecadados com a Cide-Combustível mais de R$ 8 bilhões.[89]

6.3 APLICAÇÃO DOS RECURSOS ARRECADADOS COM A CIDE-COMBUSTÍVEL

Como visto em tópicos anteriores, o art. 177 da Constituição de 1988, no § 4º, prevê que os recursos arrecadados com a Cide-Combustível devem ser destinados ao:

> I – pagamento de subsídios a preços ou transporte de álcool combustível, de gás natural e seus derivados e de derivados de petróleo;
>
> II – financiamento de projetos ambientais relacionados com a indústria do petróleo e do gás;
>
> III – financiamento de programas de infraestrutura de transportes;
>
> IV – financiamento do auxílio destinado a mitigar o efeito do preço do gás liquefeito de petróleo sobre o orçamento das famílias de baixa renda. *(Inciso acrescido pela Lei n. 14.237, de 19.11.2021, publicada no DOU de 22.11.2021, com prazo de vigência de 5 anos, produzindo efeitos desde a abertura dos créditos orçamentários necessários à sua execução.)*

Embora com destinação legal afetada pelo § 4º do art. 177, a execuçao financeira do orçamento[90] tem divergido do texto constitu-

---

[88] BRASIL. Ministério da Fazenda. Secretaria do Tesouro Nacional – STN. *O que você precisa saber sobre transferências fiscais da União*: Cide-Combustíveis.

[89] www.unafisco.org.br/estudos_tecnicos/2007/anaarre06.pdf. Dado levantado junto à Secretaria da Receita Federal. R$ 8,107 bilhões, valor arrecadado com a Cide-Combustível em 2006. Acesso em 2007.

[90] De Plácido e Silva assim se refere ao orçamento: "[...] embora, em regra, o orçamento queira significar a fixação de um montante, em dinheiro, que se julga base de um custo, isto é, a fixação de uma soma ou total de despesas,

cional quanto ao destino dos recursos da Cide-Combustível ora por inexecução do orçamento, ora por destinar recursos para outros fins diferentes dos gravados na Constituição.

Nesse sentido é o voto do Ministro Marcos Vinícios Vilaça, do TCU, concernente à aplicação da Cide em 2002 e 2003, transcrito, em parte, a seguir:

> Tal constatação poderia significar que os recursos que abasteciam os transportes foram substituídos, simplesmente, pelo dinheiro originário da Cide, que de nada serviu para prosperar o setor. Ou que a Cide não estaria sendo utilizada dentro de suas finalidades constitucionais. Os dados que começo a apresentar dão conta de que, em boa medida, as duas coisas vêm ocorrendo.
>
> Com a elevação das alíquotas, o orçamento da União estima que a Cide proporcionará em 2003 R$ 10,775 bilhões, quase 50% a mais do que a arrecadação do ano anterior.
>
> Em 2002, dos R$ 7,241 bilhões obtidos com a Cide, R$ 5,541 bilhões foram efetivamente usados, de conformidade com o sistema Siafi. A diferença refere-se a créditos remanescentes e bloqueados. Todos os gastos com o setor de transportes, incluindo o seu custeio, representaram R$ 5,142 bilhões, sendo que, destes, R$ 4,059 bilhões se deveram à Cide. Pode-se ver então, em primeiro lugar, que os recursos dados pela Cide superaram tudo o que foi aplicado em transportes e, em segundo lugar, que a Cide significou, no orçamento dos transportes, 79%, ou seja, quase todos os recursos do setor.

Em seu voto, o Ministro Marcos Vinícios Vilaça constata que pouco mudou com relação ao exercício de 2003, conforme transcrito:

também se compreende uma estimativa de receita ou uma determinação de despesas. Aliás, no sentido do Direito Administrativo, o vocabulário exprime um todo, de que participam a estimação ou previsão da receita e a fixação de despesas. E, na acepção que aí se tem, é o orçamento considerado como o ato pelo qual são previstas as receitas e autorizadas as despesas do Estado, dentro de um período determinado" (*Vocabulário jurídico*, p. 984).

Pouca coisa mudou no orçamento da União para 2003, onde estão autorizadas despesas da ordem de R$ 5,389 bilhões em transportes, das quais R$ 3,615 bilhões, isto é, 67%, dizem respeito à Cide. Neste ano, o orçamento da Cide é exatamente o dobro do orçamento dos transportes, repetindo, R$ 10,775 bilhões.

Das informações precedentes chega-se à conclusão inarredável de que está indo para outras áreas o dinheiro que antes financiava o setor de transportes, que hoje sobrevive essencialmente às custas da novel contribuição. E mais: observando que o orçamento dos transportes não cresceu em 2002 e 2003, exercícios nos quais a Cide foi cobrada, pode-se deduzir que a instituição da contribuição não colaborou sequer com um centavo para o desenvolvimento do setor. Mais grave ainda é a comprovação de que nem todo o dinheiro conseguido com a Cide está sendo usado nas finalidades permitidas pela Constituição: subsídios a derivados de petróleo, gás natural e álcool combustível; meio ambiente e infraestrutura de transportes.

No ano de 2002, dos R$ 5,541 bilhões utilizados da Cide, R$ 4,059 bilhões (73%) proveram o setor de transportes e R$ 52 milhões (menos de 1%) o de meio ambiente. Os recursos restantes da contribuição foram revertidos em prol do serviço da dívida interna e de outros encargos (R$ 1,309 bilhão), da agricultura (R$ 115 milhões) e da previdência social (R$ 5,1 milhões). Não há registro de dinheiro para subsidiar preços de combustíveis, gás e seus derivados.

Mesmo os recursos direcionados aos transportes não se prestaram à infra-estrutura do setor, como manda a Constituição. Com efeito, em 2002, cerca de R$ 462 milhões foram empregados, entre outros fins, em administração geral, onde se inclui a remuneração de servidores (R$ 391 milhões); em atenção básica, isto é, assistência médica e odontológica de servidores (R$ 28,5 milhões); em auxílio-alimentação (R$ 13 milhões); em auxílio-transporte (R$ 3 milhões); em assistência pré-escolar a dependentes de servidores (R$ 1,5 milhão); em tecnologia (R$ 20,6 milhões); e em comunicação social, ou seja, publicidade e

> propaganda (R$ 3,1 milhões). Em infra-estrutura foram gastos, na realidade, R$ 3,597 bilhões (R$ 3,232 bilhões para o transporte rodoviário, R$ 210 milhões para o transporte hidroviário e R$ 155 milhões para o transporte ferroviário), segundo o Siafi.
>
> Para este ano de 2003, o panorama é pior, pois, havendo a previsão de arrecadar R$ 10,775 billiões com a Cide, somente R$ 3,615 bilhões (33,5%) estão consignados, diretamente, para os transportes e R$ 210,5 milhões (menos de 2%) para o meio ambiente. Existem R$ 4,151 bilhões registrados em Reserva de Contingência, que podem até vir a ser destinados aos transportes, embora não seja possível garantir. Mais R$ 1,389 bilhão atende sobretudo ao serviço da dívida externa, R$ 850 milhões ao setor de energia, R$ 550 milhões ao setor de agricultura e R$ 9 milhões ao setor de comunicações.
>
> Como em 2002, a infra-estrutura não responde por todos os recursos da área de transportes devidos à Cide em 2003, estando reservados R$ 2,268 bilhões para o transporte rodoviário, R$ 571 milhões para o transporte ferroviário e R$ 413 milhões para o transporte hidroviário. Há também neste ano recursos para o custeio do setor, por exemplo: R$ 215 milhões para administração geral, R$ 32 milhões para atenção básica, R$ 11 milhões para auxílio-alimentação, R$ 2,2 milhões para assistência pré-escolar, R$ 5,9 milhões para auxílio-transporte e R$ 1 milhão para comunicação social.
>
> Não se questiona a necessidade dessas despesas, mas sim a sua cobertura com recursos de um ônus tributário a mais imputado aos cidadãos, sob a esperança de melhorar o trágico setor de transportes. Não é demais lembrar que esses gastos estão em desacordo com o inciso II do § 4º do artigo 177 da Constituição Federal.[91]

Na Tabela 2, compara-se o total dos recursos da Cide-Combustível aplicados e a arrecadação com a contribuição:

[91] Tribunal de Contas da União. Processo: TC-015.719/2001-5.

Tabela 2 – Recursos da Cide-Combustível aplicados x arrecadação com a contribuição – valores em R$ mil

EXERCÍCIO	2002	2003	2004	2005
Arrecadação – Cide-Combustível				
Arrecadação total (A)	7.582.673	8.407.846	7.817.000	7.685.581
Aplicação de recursos – Cide-Combustível (empenhos emitidos – Orçamento Geral da União)				
Total de recursos aplicados (F)	5.642.845	3.982.705	2.598.858	5.840.980
Saldo disponível no final de cada ano não acumulado (A) – (F)	1.939.828	4.425.141	5.218.142	1.844.601

Fonte: Tribunal de Contas da União. Processo: TC-003.965/2006-7 (tabela montada com dados do quadro 21 do processo).

Observando a Tabela 2, concluímos que R$ 13,427 bilhões arrecadados com a Cide-Combustível entre os anos de 2002 e 2005 não foram aplicados na destinação prevista na Constituição.

Em 2006, foram arrecadados com a Cide-Combustível mais de R$ 8 bilhões.

Na Tabela 3 apresentamos as aplicações dos recursos pelo Departamento Nacional de Infraestrutura de Transportes (DNIT).

Tabela 3 – Aplicação de recursos da Cide-Combustível em transportes pelo DNIT – valores em R$ mil

Aplicação de recursos da Cide-Combustível em transportes pelo DNIT				
EXERCÍCIO	2002	2003	2004	2005
Rodoviário	3.266.705	1.144.944	1.209.809	4.111.261
Ferroviário	33.590	34.785	6.618	35.286
Hidroviário	144.817	82.487	171.575	290.218
Total	3.445.112	1.262.217	1.388.002	4.436.764

Fonte: STN e DNIT, *apud* Tribunal de Contas da União. Processo: TC-003.965/2006-7 (tabela montada com dados do quadro 21 do processo).

Até 2003, esses recursos eram administrados exclusivamente pela União. Com a Emenda Constitucional n. 42/2003, que incluiu o inciso III no art. 159, os Estados e o Distrito Federal passaram a receber a transferência de 25% do produto da arrecadação da Cide. E, por intermédio da Emenda Constitucional n. 44/2004, foi alterado o percentual de transferência de 25% para 29%, destacando-se que os recursos recebidos pelos Estados e pelo Distrito Federal devem observar a destinação a que se refere o inciso II, "c", do art. 177, § 4º, ou seja: "ao financiamento de programas de infraestrutura de transportes".

Por força do art. 159, III, § 4º, do montante de recursos recebidos que cabe a cada Estado, 25% serão destinados aos Municípios, levando em consideração para as transferências a extensão da malha viária pavimentada, o consumo dos combustíveis tributados pela Cide e a população – critérios que também são considerados para as transferências aos Estados e ao Distrito Federal.

A partir do exercício de 2004, como previsto no art. 76 do Ato das Disposições Constitucionais Transitórias (ADCT), a União passou a desvincular 20% da arrecadação da Cide-Combustível, podendo utilizar essa parte da arrecadação para finalidades diferentes das previstas no art. 177, § 4º, da Constituição Federal. A Desvinculação de Receitas da União (DRU) atingiu a arrecadação da União de impostos, contribuições sociais e de intervenção no domínio econômico, no período entre 2003 e 2007. Posteriormente a desvinculação foi prorrogada mediante a Emenda Constitucional n. 68/2011, e em 2016 houve nova prorrogação a partir da Proposta de Emenda Constitucional (PEC) n. 31/2016, com encerramento previsto para 2023. Nesse último período a DRU subiu para 30%.

Em princípio, a União decotou dos repasses aos Estados a Desvinculação de Receitas da União. Porém, em 2020, com a decisão proferida no julgamento da Ação Direta de Inconstitucionalidade (ADI) n. 5.628, o Plenário do Supremo Tribunal Federal (STF) julgou inconstitucional a dedução da parcela referente à DRU do montante a ser repartido com Estados e o Distrito Federal pela arrecadação da Cide-Combustível. A decisão deixa claro que a DRU não alcança a repartição federativa de receitas fiscais entre a União e os demais.

A Tabela 4 representa a arrecadação x recursos desvinculados pela DRU e as transferências para os Estados e o Distrito Federal.

Tabela 4 – Arrecadação com a Cide-Combustível x recursos desvinculados pela DRU e as transferências para os Estados e o Distrito Federal – valores em R$ mil

EXERCÍCIO	2002	2003	2004	2005
Arrecadação – Cide-Combustível				
Arrecadação total (A)	7.582.673	8.407.846	7.817.000	7.685.581
DRU (B)	–	–	1.563.400	1.536.803
Transferência aos Estados, DF e Municípios (C)	–	–	1.549.133	1.782.693

Fonte: STN e DNIT, *apud* Tribunal de Contas da União. Processo: TC-003.965/2006-7 (tabela montada com dados do quadro 21 do processo).

Analisando a Tabela 4, nos anos 2004 e 2005, observamos que R$ 6,430 bilhões foram desviados de sua destinação original para a DRU e por transferência de recursos aos Estados, Distrito Federal e Municípios.

6.4 NÃO APLICAÇÃO DOS RECURSOS ARRECADADOS COM A CIDE-COMBUSTÍVEL

A análise dos recursos não aplicados, arrecadados a título de Cide-Combustível, será realizada com base na dotação orçamentária para os exercícios de 2002, 2003 e 2004, conforme a Tabela 5:

Conforme as informações da tabela, pode-se afirmar que grande parte dos recursos da Cide-Combustível foi direcionada à reserva de contingência. Em 2003, o montante foi de R$ 4,062 bilhões, representando 39,40% da dotação, fato que se repetiu em 2004 com o montante R$ 2,905 bilhões, representando 47,68% da dotação daquele exercício.

Valores significativos também foram alocados para a amortização da dívida, representando, em 2002, 5,84% dos recursos e, no ano de 2003, 6,50%. E em 2002/2003 foram destinados 657.578 milhões para pagamento de juros e encargos da dívida.

Tabela 5 – Recursos da Cide-Combustível – orçamento por grupo de despesa – 2002 a 2004

R$ mil							
	GRUPO DE DESPESA	2002		2003		2004	
		DOTAÇÃO	%	DOTAÇÃO	%	DOTAÇÃO	%
1	Pessoal e encargos sociais	313.373	4,19%	437.008	4,24%	258.632	4,25%
2	Juros e encargos da dívida	163.380	2,18%	494.198	4,79%	0	0%
3	Outras despesas correntes	3.074.452	41,11%	1.482.360	14,38%	400.251	6,57%
4	Investimentos	3.179.192	42,51%	2.584.598	25,07%	1.887.686	30,98%
5	Inversões financeiras	311.400	4,16%	578.931	5,62%	640.845	10,52%
6	Amortização da dívida	436.921	5,84%	669.730	6,50%	0	0%
9	Reserva de contingência	0	0%	4.062.170	39,40%	2.905.084	47,68%
	TOTAL	**7.478.717**	**100%**	**10.308.994**	**100%**	**6.092.498**	**100%**

Fonte: Siafi Gerencial, *apud* Relatório Tribunal de Contas da União. Processo: TC-015.719/2001-5fls. 58 a 63 do Anexo I.

No que tange à reserva de contingência, chama a atenção o acórdão do STF, na ação direta de inconstitucionalidade ajuizada pela Confederação Nacional do Transporte – CNT em face do art. 4º, I, da Lei n. 10.640/2003 – lei orçamentária anual da União para o exercício de 2003, que previa a abertura de créditos suplementares até o limite de 10%, mediante a utilização de recursos provenientes de anulação parcial de dotações, reserva de contingência e excesso de arrecadação. A ADI 2.925/DF foi julgada procedente, impedindo a abertura de créditos suplementares nas destinações reservadas aos recursos obtidos pela cobrança da Cide-Combustível a qualquer outra rubrica.[92]

[92] ADI 2.925-DF, *DJ* de 4 de março de 2005.

7

A LEGITIMIDADE PARA COBRANÇA DA CIDE-COMBUSTÍVEL NO ESTADO DEMOCRÁTICO DE DIREITO

Com a Constituição Federal de 1988, o centro das atenções se desloca do Estado para o cidadão. Já em seu art. 1º se estabelece um novo paradigma voltado para a cidadania. Destaca-se que o poder emana do povo e em seu nome deve ser exercido.

Notadamente, a arrecadação é o antecedente lógico da despesa, meio público de efetivação dos direitos fundamentais.

Na seara tributária, a cidadania tem merecido pouca atenção da doutrina.

Destaca Alberto Nogueira:

> [...] Por incrível que pareça, pouco se tem cogitado a respeito de quem efetivamente contribui para os encargos do Estado, o que, a essa altura, em pleno Estado Democrático de Direito, não se justifica, na medida em que, afinal de contas, é ele quem responde pelos encargos do poder Público.[93]

Para Alberto Nogueira, não basta a mera adequação da lei (*stricto sensu*) a preceitos constitucionais, no Estado Democrático de Direito, para aferir a legalidade tributária. Deve-se observar, para a

---

[93] NOGUEIRA, Alberto. *Os limites da legalidade tributária no Estado Democrático de Direito*: fisco x contribuinte na arena jurídica – ataque e defesa, p. 2.

verificação da legalidade, os direitos fundamentais e os princípios consagrados de forma expressa ou implícita no regime notadamente democrático e social.[94]

No que tange à intervenção na ordem econômica, a Constituição do Brasil de 1988, de forma sistêmica, estabelece

> um modelo econômico de bem-estar. Este modelo, desenhado desde o disposto nos seus artigos 1º e 3º, até o quanto enunciado no seu artigo 170, não pode ser ignorado pelo Poder Executivo, cuja vinculação pelas definições constitucionais de caráter conformador e impositivo é óbvia. Assim programas de governo deste e daquele Presidentes da República é que devem ser adaptados à Constituição, e não o inverso, como se tem pretendido. A incompatibilidade entre qualquer deles e o modelo econômico por ela defendido consubstancia situação de inconstitucionalidade.[95]

A Cide-Combustível, instituída pela Lei n. 10.336, de 19 de dezembro de 2001, atende aos aspectos formais do art. 177, § 4º, da Constituição de 1988.

Passaremos a analisar os princípios específicos das contribuições de intervenção no domínio econômico, quais sejam, a referibilidade, a vinculação e a intervenção, tendo como ponto de partida o texto constitucional e a legitimidade em face deste.

7.1 REFERIBILIDADE

O princípio da referibilidade é proposição prescritiva construída com base na reunião de diversos enunciados constitucionais. O sentido de sua prescrição é determinar o necessário vínculo que deve existir entre a materialidade, os sujeitos escolhidos para o polo passivo e a finalidade do tributo.

---

[94] NOGUEIRA, Alberto. *Os limites da legalidade tributária no Estado Democrático de Direito*: fisco x contribuinte na arena jurídica – ataque e defesa, p. 30.

[95] GRAU, Eros Roberto. *A ordem econômica na Constituição de 1988*, p. 37.

Para que a contribuição interventiva seja constitucional, é necessário que exista um liame entre o critério material da hipótese, os sujeitos passivos e a finalidade do tributo.[96]

O princípio se faz presente na Cide-Combustível, uma vez que os sujeitos passivos têm relação tanto com a hipótese material como com a finalidade da exação.

7.2 VINCULAÇÃO

A vinculação de que aqui se trata diz respeito à aplicação dos recursos que ingressaram nos cofres públicos para a intervenção descrita na Lei n. 10.336/2001, uma vez que, com instituição do tributo, o legislador buscou modificar a realidade conforme os ditames do art. 177, § 4º.

A característica peculiar desse grupo de exações, na lição de Luciano Amaro, está na destinação a determinada atividade. "É a circunstância de as contribuições terem destinação específica que as diferencia dos impostos".[97]

Em face do Estado Democrático de Direito, para Fernando Lemme Weiss,

> por serem todos os cidadãos titulares da renda pública, bem como legítimos demandantes de serviços regulares e contínuos, deveriam ter possibilidade de imediato acesso a informação acerca de toda arrecadação e despesa, detalhadamente, por tributo pago e despesa realizada.[98]

Na acertada lição desse autor, todos nós, como cidadãos, deveríamos ter a possibilidade de fiscalizar os valores arrecadados e

[96] GAMA, Tácio Lacerda. *Contribuição de intervenção no domínio econômico*, p. 159.

[97] AMARO, Luciano. *Direito tributário brasileiro*, p. 131.

[98] WEISS, Fernando Lemme. *Justiça tributária*: um enfoque sobre as renúncias fiscais, a reforma tributária de 2003/2004 e os códigos de defesa dos contribuintes (ES, IT, SP, MG e o projeto brasileiro), p. 15.

a aplicação dos recursos. A complexidade das informações, porém, impossibilita ao cidadão comum esse legítimo acompanhamento.

A Lei n. 10.336/2001, que institui a Cide-Combustível, reafirma o preceituado no artigo constitucional a respeito da incidência do tributo, respeitado o art. 177 da Constituição. Ademais, a destinação da arrecadação da Cide prescrita no art. 1º, § 1º, do referido dispositivo legal diz:

> Art. 1º Fica instituída a contribuição de intervenção no domínio econômico incidente sobre a importação e a comercialização de petróleo e seus derivados, gás natural e seus derivados, e álcool etílico combustível (CIDE), a que se refere os arts. 149 e 177 da Constituição Federal, com a redação dada pela Emenda Constitucional n. 33, de 11 de dezembro de 2001.
>
> § 1º O produto da arrecadação da Cide será destinada, na forma da lei orçamentária, ao:
>
> I – pagamento de subsídios a preços ou transporte de álcool combustível, de gás natural e seus derivados e de derivados de petróleo;
>
> II – financiamento de projetos ambientais relacionados com a indústria do petróleo e do gás;
>
> III – financiamento de programas de infraestrutura de transportes; e
>
> IV – financiamento do auxílio destinado a mitigar o efeito do preço do gás liquefeito de petróleo sobre o orçamento das famílias de baixa renda. *(Inciso acrescido pela Lei n. 14.237, de 19.11.2021, publicada no DOU de 22.11.2021, com prazo de vigência de 5 anos, produzindo efeitos desde a abertura dos créditos orçamentários necessários à sua execução.)*

Os incisos I, II, III e IV do § 1° são claros e precisos, esclarecendo as possibilidades de aplicação dos recursos com subsídios ao pagamento de combustíveis ou a transporte deles, bem como de seus derivados. A hipótese citada no inciso I teria como resultado o barateamento do preço final dos combustíveis e derivados. Essa intervenção teria o objetivo de regular o mercado em casos de altas relevantes de preços.

Já o inciso II versa sobre financiamento de projetos ambientais relacionados com a indústria do petróleo e do gás.

O inciso III destina recursos para o financiamento de programas de infraestrutura de transportes. Trata-se de investimentos e da manutenção de portos, ferrovias e rodovias. E o inciso IV cuida de mitigar o efeito do preço do gás liquefeito de petróleo sobre o orçamento das famílias de baixa renda.

Nesse aspecto, a exação não tem atendido aos mandamentos constitucionais e infraconstitucionais de validação da norma, uma vez que dados oficiais do Tribunal de Contas da União comprovam que grande parte dos recursos arrecadados com a Cide-Combustível não foi aplicada de acordo com a prescrição legal, ora sendo usada para pagamentos sem relação alguma com a finalidade constitucional, ora simplesmente não sendo aplicada.

Além disso, com a aplicação da DRU, Estados, Distrito Federal e Municípios deixaram de receber a parte que lhes cabia da arrecadação da Cide-Combustível. Pelas deduções, ultrapassaram R$ 5 bilhões, que não foram utilizados para a finalidade proposta pelo legislador.[99]

7.3 INTERVENÇÃO

A intervenção com a Cide-Combustível tem sido parcial, uma vez que grande parte dos recursos arrecadados tem sido desviada de sua finalidade. De acordo com o Tribunal de Contas da União, entre 2002 e 2005 o governo arrecadou R$ 30,8 bilhões com a Cide--Combustível. Nesses quatro anos, foram pagos R$ 15,9 milhões em despesas diversas, restando R$ 14,8 bilhões nos cofres do governo, a maior parte utilizada para formar o superávit primário.

A não aplicação dos recursos torna a intervenção ineficaz, não cumprindo seus objetivos constitucionais.

99 Tribunal de Contas da União. Processo: TC-015.719/2001-5 / TC-003.965/2006-7.

8

OUTRAS EXIGÊNCIAS PECUNIÁRIAS QUALIFICADAS PELA FINALIDADE A QUE SE DESTINAM

8.1 INTRODUÇÃO

O estudo em tela tem como objetivo as contribuições de intervenção no domínio econômico, especificamente da Cide-Combustível, porém é necessário trazer à baila algumas exações que podem contribuir para o melhor entendimento das contribuições interventivas.

8.2 CONTRIBUIÇÕES CRIADAS PARA INCENTIVAR O DESPORTO HÍPICO

No direito pátrio, contribuições criadas com a finalidade de intervenção em determinado setor específico já existem há décadas. Sampaio Dória cita as intervenções criadas para incentivar o desporto hípico:

> Pelo Decreto-Lei n. 8.946, de 21.1.1946, o governo provisório que se instalou após a queda do Estado Novo criou taxa de 1% sobre as apostas feitas nos Jóqueis Clube ou sociedades de corrida do País, cujo produto, entregue à Confederação Brasileira de Hipismo, sociedade particular, deveria ser aplicado no incentivo ao desporto hípico e à criação do cavalo nacional.[100]

---

[100] DÓRIA, Antônio Roberto Sampaio. *Direito constitucional tributário e "due process of law"*: ensaio sobre o controle judicial da razoabilidade das leis, p. 82.

Figura semelhante foi introduzida no ordenamento pátrio pela Lei n. 5.971/73, que autoriza a cobrança de contribuição sobre apostas e a realização de competições hípicas de corridas, com ou sem obstáculos, e de trote com exploração de apostas no país, com a alta finalidade de estimular a criação e o emprego do cavalo nacional nos desportos e atividades hípicas, nos serviços de campo e nas lides militares.

As entidades que exploram apostas sobre competições hípicas ficam sujeitas ao pagamento mensal de uma contribuição, destinada à remuneração e ao custeio das atividades ligadas ao fomento à criação de equídeos no país, calculada sobre o valor total do movimento geral de apostas do mês anterior.

Nota-se na contribuição a presença dos elementos caracterizadores das atuais contribuições, quais sejam, da intervenção por meio do estimulo, da referibilidade e da arrecadação afetada a determinado fim.

8.3 CONTRIBUIÇÃO PARA O DESENVOLVIMENTO DA INDÚSTRIA CINEMATOGRÁFICA NACIONAL (CONDECINE)

Em 1966 foi criado o Instituto Nacional de Cinema (INC), pelo Decreto-lei n. 43. O INC foi instituído como autarquia federal, com a finalidade de formular e executar a política governamental relativa à produção, à importação, à distribuição e à exibição de filmes, ao desenvolvimento da indústria cinematográfica brasileira, ao seu fomento cultural e à sua promoção no exterior.

Para custeio de suas atividades, foi instituída a contribuição para o desenvolvimento da indústria cinematográfica nacional, calculada por metro linear de cópia positiva de todos os filmes destinados a exibição comercial em cinemas ou televisões.

Em 1975 o Instituto Nacional de Cinema (INC), foi substituído pela a Empresa Brasileira de Filmes S.A. (Embrafilme), conforme a Lei n. 6.281/75, mantendo-se a referida contribuição.

A contribuição para o desenvolvimento da indústria cinematográfica, criada pela Lei n. 6.281/75, foi recepcionada pela Constituição Federal de 1988.

A Embrafilme foi extinta pela Lei n. 8.029/90. Em 6 de setembro de 2001, por meio da Medida Provisória n. 2.228, foi criada a Agência Nacional do Cinema (Ancine).

Para dar efetividade ao mandamento do art. 215 da Constituição de 1988 por meio da Medida Provisória n. 2.228/2001, alterada pela Lei n. 10.454/2002, foi criada a Contribuição para o Desenvolvimento da Indústria Cinematográfica Nacional (Condecine).

A Lei 11.437, de 28 de dezembro de 2006, determinou que os valores fossem destinados ao Fundo Setorial do Audiovisual.

8.4 CPMF

Sob a égide da Constituição Federal de 1988 foi criado o imposto provisório sobre movimentação ou a transmissão de valores e de créditos e direitos de natureza financeira (IPMF), instituído pela Lei Complementar n. 77/93, com suporte em competência temporária outorgado pela Emenda Constitucional n. 3/93.[101]

O IPMF ficou conhecido como imposto da saúde, já que seus recursos tinham de ser destinados exclusivamente a essa área, segundo o projeto original.

O tributo, que nasceu vinculado a investimentos na área de saúde, teve sua constitucionalidade analisada pela ADIn 939, sendo considerada procedente em parte, uma vez que feria os princípios da anterioridade e da imunidade recíproca, sendo suspensa a cobrança do "imposto vinculado" em 1993.

Esgotado o período de vigência do IPMF, a competência respectiva não foi prorrogada, contudo a Emenda n. 12/96 possibilitou a recriação desse imposto, agora com a roupagem de contribuição, a Contribuição Provisória sobre Movimentação Financeira (CPMF), que deveria durar apenas dois anos, com alíquota de 0,25% e fatos geradores semelhantes aos do IPMF.

[101] PAULSEN, Leandro. *Direito tributário*: Constituição, Código Tributário e Lei de Execução Fiscal à luz da doutrina e jurisprudência, p. 241.

A receita dessa contribuição deveria ficar vinculada integralmente ao Fundo Nacional de Saúde para financiamento das ações e serviços de saúde.

O provisório está se transformando em permanente e a CPMF, que deveria ser extinta no final de dois anos da sua criação, conforme o art. 74 do ADCT, foi sucessivamente prorrogada, teve a sua alíquota aumentada para 0,38% e alterou-se parcialmente a destinação da sua receita: uma parte para a saúde e outra parte para a Seguridade Social (incluindo-se aqui o fundo de combate à pobreza).

Com a aprovação da chamada "PEC da saúde", que indexa os recursos dessa rubrica ao próprio PIB, a necessidade da CPMF para a cobertura dos gastos do setor, de certa forma, desapareceu, uma vez que eles passaram a ter abrigo constitucional, independentemente de qual for a receita.

Embora com origem em 1993, no antigo Imposto provisório sobre movimentação ou a transmissão de valores e de créditos e direitos de natureza financeira (IPMF), a CPMF vigorou de 1997 a 2007. Nos primeiros dez anos, a contribuição rendeu R$ 159,55 bilhões.[102]

8.5 CONTRIBUIÇÃO PARA O FUNDO DE UNIVERSALIZAÇÃO DOS SERVIÇOS DE TELECOMUNICAÇÕES (FUST)

A Lei n. 9.472/97, Lei Geral de Telecomunicações, em seu art. 2º, I e II, impôs ao Poder Público o dever de "garantir, a toda a população, o acesso às telecomunicações, a tarifas e preços razoáveis, em condições adequadas", e de "estimular a expansão do uso de redes e serviços de telecomunicações pelos serviços de interesse público em benefício da população brasileira".

O art. 63 do texto legal citado admite a prestação dos serviços de telecomunicações em regimes público e privado, atribuindo às empresas prestadoras dos serviços deveres de universalização dos serviços (arts. 64 e 65, § 1º), que, nas palavras de Paulo Roberto Lyrio Pimenta,

---

[102] GUIMARÃES, Ligia. Brasileiro gastou R$ 174 com CPMF em 2006. *G1*.

> foram qualificados como obrigações públicas direcionadas ao alcance de duas finalidades: a) possibilitar a qualquer pessoa ou instituição de interesse público o acesso aos serviços de telecomunicações, independentemente de sua localização e condição socioeconômica; b) permitir a utilização das telecomunicações em serviços essenciais de interesse público (art. 79, § 1º). Em outras palavras, a universalização significa a ampliação, a generalização dos serviços em pauta a qualquer cidadão ou instituição pública.[103]

A Fust[104] foi instituída com a finalidade de financiar programas, projetos e atividades que estejam em consonância com o plano geral de metas para universalização dos serviços referenciados, com o objetivo de reduzir as desigualdades regionais e sociais na prestação dos serviços de comunicação, conforme o art. 5º da Lei n. 9.998/2000.

8.6 CONTRIBUIÇÃO AO FUNDO PARA O DESENVOLVIMENTO TECNOLÓGICO DAS TELECOMUNICAÇÕES (FUNTTEL)

A contribuição para o Funttel foi instituída pelo inciso III do art. 4º da Lei n. 10.052/2000. Esse Fundo veio a ser criado pela Lei n. 10.052/2000, que instituiu, dentre as receitas do Funttel, uma contribuição de 0,5% sobre a receita bruta das empresas prestadoras de serviços de telecomunicações, nos regimes público e privado.

A contribuição se destina ao custeio da atividade interventiva de incentivo, a fim de atingir certos objetivos previstos pela Lei Geral de Telecomunicações.

103 PIMENTA, Paulo Roberto Lyrio. *Contribuições de intervenção no domínio econômico*, p. 112.

104 Resolução n. 247, de 14 de dezembro de 2000. Regulamento para arrecadação da contribuição das prestadoras de serviços de telecomunicações para o Fundo de Universalização dos Serviços de Telecomunicações (Fust).

O art. 6º da Lei n. 10.052/2000 estabelece que "os recursos do Fundo serão aplicados exclusivamente no interesse do setor de telecomunicações". Assim sendo, evidencia-se que a arrecadação alcançará os contribuintes da Cide em exame, que serão beneficiados com a atividade interventiva.

No entanto, não é qualquer "interesse" do setor que justifica a utilização da receita da Cide. Como o tributo foi instituído para incentivar determinadas atividades, o interesse ao qual alude esse enunciado só pode ser aquele relacionado às condutas desenvolvidas para que os objetivos do Fundo sejam atingidos. Adotando-se essa interpretação, infere-se que o critério do destino da arrecadação também foi observado pelo legislador ordinário.[105]

A finalidade de sua instituição[106] é o desenvolvimento tecnológico das telecomunicações brasileiras, com o objetivo de estimular a pesquisa e o desenvolvimento de novas tecnologias, incentivar a capacitação dos recursos humanos, fomentar a geração de empregos e promover o acesso de pequenas e médias empresas a recursos de capital, de modo a ampliar a competição na indústria de telecomunicações.

105 PIMENTA, Paulo Roberto Lyrio. *Contribuições de intervenção no domínio econômico*, p. 115.

106 Resolução do Conselho Gestor Funttel n. 2, de 20 de março de 2001. Regulamento da arrecadação da contribuição das prestadoras de serviços de telecomunicações ao Fundo para o Desenvolvimento Tecnológico das Telecomunicações (Funttel).

CONSIDERAÇÕES FINAIS

1. No século passado, as formas de atuação do Estado na economia sofreram transformações. O Estado, que havia assumido papel de empresário na década de 1950 para a reorganização e o desenvolvimento das forças produtivas no pós-guerra, passou pelas décadas de 1960 e 1970 como o grande empreendedor nacional. A década de 1980 foi marcada por recursos escassos para financiar os grandes projetos nacionais e pela ineficiência dos gestores estatais.
2. As Constituições mexicana de 1917 e alemã de 1919 foram as primeiras na incorporação da Ordem Econômica ao texto constitucional.
3. A Constituição de 1988 reservou ao Estado a exploração indireta da atividade econômica como regra, exceção prevista no art. 173, nos casos em que se fizer necessária aos imperativos da segurança nacional ou ao interesse coletivo relevante, conforme definidos em lei.
4. O art. 173, *caput,* da Constituição Federal elenca as hipóteses nas quais é permitida ao Estado a exploração direta da atividade econômica. Condiciona essa atuação à criação de empresas públicas ou sociedades de economia mista, exercendo suas atividades ao regime de direito privado comum às empresas privadas.

5. A atuação do Estado no domínio econômico, com base no texto constitucional, pode ser direta ou indireta, sendo que as contribuições de intervenção no domínio econômico fazem parte da forma de atuação indireta.

6. Para fazer frente à necessidade de investimentos principalmente em infraestrutura de transportes, criou-se, por meio da Emenda Constitucional n. 33, publicada em 12 de dezembro de 2001, a possibilidade da instituição de contribuições de intervenção no domínio econômico com a finalidade de custear a intervenção estatal no setor.

7. A Emenda Constitucional n. 33/2001 estabeleceu normas a serem observadas para a instituição das contribuições de intervenção no domínio econômico incidentes sobre a importação e a comercialização de petróleo e seus derivados, gás natural e seus derivados e álcool etílico combustível.

8. A Emenda Constitucional n. 33/2001 acrescentou ao art. 177 da Constituição Federal de 1988 o § 4º, determinando os elementos necessários à lei que instituir contribuições de intervenção no domínio econômico incidentes sobre a importação e a comercialização de petróleo e seus derivados, gás natural e seus derivados, e álcool etílico combustível.

9. Por determinação constitucional do art. 177, § 4º, da Constituição Federal de 1988, acrescido pela Emenda Constitucional n. 33/2001, a lei que instituir contribuições de intervenção no domínio econômico incidentes sobre a importação e a comercialização de petróleo e seus derivados, gás natural e seus derivados, e álcool etílico combustível deverá atender aos requisitos descriminados nos incisos I e II do referido artigo.

10. O inciso I do § 4º do art. 177 da Constituição Federal determina que a alíquota da contribuição em tela poderá ser diferenciada por produto ou por uso, uma vez que a exação abrange vários tipos de combustíveis e utilidades, permitindo que a intervenção ocorra de forma diferenciada.

11. Por força de determinação expressa do inciso I, alínea "b", do § 4º do art. 177 da Constituição Federal, a alíquota da contribuição poderá ser estabelecida por lei, reduzida e restabelecida por ato do Poder Executivo, não lhe sendo aplicado o princípio da anterioridade esculpido no art. 150, III, "b", da Constituição Federal.

12. As contribuições de intervenção no domínio econômico são figuras voltadas para o futuro. O legislador, ao instituí-las, quer modificar uma realidade, vinculando sua arrecadação a uma finalidade específica.

13. As contribuições de intervenção no domínio econômico têm por objetivo alcançar determinada finalidade, sendo essa finalidade, ao lado da existência de um setor ou grupo econômico relacionado com essa finalidade e da vinculação da arrecadação para custeio da intervenção conforme determinação legal, suas principais características.

14. O legislador, ao instituir as contribuições de intervenção no domínio econômico incidentes sobre a importação e a comercialização de petróleo e seus derivados, gás natural e seus derivados, e álcool etílico combustível, deverá, por força do inciso II, § 4°, do art. 177 da Constituição Federal, determinar o destino da arrecadação para: a) pagamento de subsídios a preços ou transporte de álcool combustível, gás natural e seus derivados e derivados de petróleo; b) financiamento de projetos ambientais relacionados com a indústria do petróleo e do gás; c) financiamento de programas de infraestrutura de transportes e d) financiamento do auxílio destinado a mitigar o efeito do preço do gás liquefeito de petróleo sobre o orçamento das famílias de baixa renda, este último acrescido pela Lei n. 14.237, de 19 de novembro de 2021, publicada no DOU de 22 do mesmo mês, com prazo de vigência de cinco anos, produzindo efeitos desde a abertura dos créditos orçamentários necessários à sua execução.

15. A Lei n. 10.336/2001 instituiu as contribuições de intervenção no domínio econômico incidentes sobre a importação e a comercialização de petróleo e seus derivados, gás natural e seus derivados, e álcool etílico combustível, denominada Cide-Combustível.

16. O volume de recursos anuais arrecadados com a Cide-Combustível, segundo informações da Receita Federal, contidas no processo TC-015.719/2001-5 do Tribunal de Contas da União, é maior que a soma das receitas obtidas com o imposto sobre produtos industrializados (IPI), sobre o fumo, as bebidas e os automóveis.

17. A arrecadação com a Cide-Combustível entre 2002 e 2005 ultrapassou a casa do R$ 31 bilhões.

18. Parte dos recursos arrecadados com a Cide-Combustível, que originariamente deveriam ser geridos pela União, por força da Emenda Constitucional n. 42/2003, foi transferida para os Estados e o Distrito Federal.

19. O percentual da arrecadação da Cide-Combustível, transferido para os Estados e o Distrito Federal, foi alterado de 25% para 29% por intermédio da Emenda Constitucional n. 44/2004.

20. Os recursos transferidos para os Estados e o Distrito Federal devem ser aplicados ao financiamento de programas de infraestrutura de transportes.

21. A dedução da parcela referente à Desvinculação de Receitas da União (DRU) do montante a ser repartido com Estados, Distrito Federal e Municípios da arrecadação da Cide-Combustível entre 2004 e 2016 afetou os resultados almejados pelo legislador, na medida em que os recursos da arrecadação não foram utilizados na intervenção pretendida.

22. A vinculação da arrecadação da Cide-Combustível ao preceito constitucional não tem sido atendida, uma vez que parte da receita não é aplicada em conformidade com a autorização legal para imposição do tributo.

23. A legitimidade para cobrança da Cide-Combustível, tomando como parâmetro o Estado Democrático de Direito, resta prejudicada. Não se tem observado ao longo desses 20 anos de tributação, a integral vinculação de sua arrecadação à finalidade para qual a foi instituída.

REFERÊNCIAS

AMARO, Luciano. *Direito tributário brasileiro.* 9. ed. São Paulo: Saraiva, 2003.

ANDRADE, Nelson Lambert de; OLIVEIRA, Rodrigo Rios Faria de; PEREIRA, Paula Gerônima. Educação fiscal e a tributação dos combustíveis no Brasil. *Brazilian Journal of Development*, Curitiba, v. 7, n. 3, p. 22134-22144, mar 2021. Disponível em: https://www.brazilianjournals.com/index.php/BRJD/article/view/25757/20471. Acesso em: 20 mar. 2022.

ATALIBA, Geraldo. *Hipótese de incidência tributária.* 6. ed. 3. tir. São Paulo: Malheiros, 2002.

AZAMBUJA, Darcy. *Teoria geral do estado.* 28. ed. São Paulo: Globo, 1990.

BALEEIRO, Aliomar de Andrade. *Limitações constitucionais ao poder de tributar.* 7. ed. Rio de Janeiro: Forense, 2003.

BANDEIRA DE MELLO, Celso Antônio. *Curso de direito administrativo.* 12. ed. São Paulo: Malheiros, 2000

BANDEIRA DE MELLO, Celso Antônio. *O conteúdo jurídico do princípio da igualdade.* São Paulo: Revista dos Tribunais, 1978.

BANDEIRA DE MELLO, Celso Antônio. *Prestação de serviços públicos e administração indireta.* São Paulo: Revista dos Tribunais, 1975.

BASTOS, Celso Ribeiro. *Direito econômico brasileiro.* São Paulo: Celso Bastos, 2000.

BORGES, José Souto Maior. *Lei complementar tributária.* São Paulo: Revista dos Tribunais, 1975.

BRASIL. Ministério da Fazenda. Secretaria do Tesouro Nacional – STN. *O que você precisa saber sobre transferências fiscais da União*: Cide-Combustíveis. Nov. 2018. Disponível em: https://sisweb.tesouro.gov.br/apex/f?p=2501:9::::9:P9_ID_PUBLICACAO_ANEXO:6376. Acesso em: 20 mar. 2022.

CAMPOS, Diogo Leite de; CAMPOS, Mônica Horta Neves Leite de. *Direito tributário*. 2. ed. Belo Horizonte: Del Rey, 2001.

CARVALHO, Kildare Gonçalves. *Direito constitucional didático*. 3. ed. Belo Horizonte: Del Rey, 1994.

CARVALHO, Paulo de Barros. *Curso de direito tributário*. 9. ed. São Paulo: Saraiva, 1997.

CARVALHO, Paulo de Barros. *Curso de direito tributário*. São Paulo: Saraiva, 2019.

CARVALHO, Vinícius Marques de. Desregulação e reforma do Estado no Brasil: impacto sobre a prestação de serviços públicos. *In:* DI PIETRO, Maria Sylvia Zanella (org.). *Direito regulatório*: temas polêmicos. Belo Horizonte: Fórum, 2003.

CASSONE, Vittorio. *Direito tributário*: fundamentos constitucionais da tributação, classificação dos tributos, interpretação da legislação tributária, doutrina, prática e jurisprudência. Atualizado até a EC n. 42, de 19-12-2003. 16. ed. São Paulo: Atlas, 2004.

CAVALCANTI, Themístocles Brandão. *A Constituição Federal comentada*. 3. ed. Rio de Janeiro: José Konfino, 1956.

CITTADINO, Gisele. *Pluralismo direito e justiça distributiva*: elementos de filosofia constitucional contemporânea. 3. ed. Rio de Janeiro: Lumen Juris, 2004.

COÊLHO, Sacha Calmon Navarro. *Manual de direito tributário*. 2. ed. Rio de Janeiro: Forense, 2002.

COOLEY, Thomas. *The general principles of constitutional law*. 4. ed. Boston: Little, Brown and Company, 1931.

CORDELLI, Anna Emilia. Justiça tributária. *Revista de Direito Tributário*, São Paulo: Malheiros, v. 78, 1999.

CRETELLA JÚNIOR, José. *Curso de direito administrativo*. 13. ed. Rio de Janeiro: Forense, 1994.

CRUZ, Álvaro Ricardo de Souza. *Jurisdição constitucional democrática*. Belo Horizonte: Del Rey, 2004.

DALLARI, Dalmo de Abreu. *Elementos de teoria geral do estado*. 18. ed. atual. e ampl. São Paulo: Saraiva, 1994.

DI PIETRO, Maria Sylvia Zanella. *Direito administrativo*. 7. ed. São Paulo: Atlas, 1996.

DI PIETRO, Maria Sylvia Zanella. *Direito regulatório*: temas polêmicos. Belo Horizonte: Fórum, 2003.

DÓRIA, Antônio Roberto Sampaio. *Direito constitucional tributário e "due process of law"*: ensaio sobre o controle judicial da razoabilidade das leis. 2. ed. Rio de Janeiro: Forense, 1986.

DWORKIN, Ronald. *Los derechos en serio*. Tradução de Marta Gustavino. Barcelona: Ariel, 1989.

ELALI, André. *Elementos atuais de direito tributário*. 1. ed. 2. tir. Curitiba: Juruá, 2006.

FAGUNDES, M. Seabra. Da ordem econômica na nova Constituição. *Revista Forense*, Rio de Janeiro, v. 222, p. 21, abr./jun. 1968.

FEITOSA, Raymundo Juliano. *Finanças públicas e tributação na constituinte: 1987/1988*. Rio de Janeiro: América Jurídica, 2003.

FERRAZ JÚNIOR, Tércio Sampaio. *Introdução ao estudo do direito*: técnica, decisão, dominação. 2. ed. São Paulo: Atlas, 1994.

FERREIRA, Waldemar Martins. *História do direito brasileiro*. São Paulo: Saraiva, 1962. v. I.

GAMA, Tácio Lacerda. *Contribuição de intervenção no domínio econômico*. São Paulo: Quartier Latin, 2003.

GIACOMONI, James. *Orçamento público*. 12. ed. rev., ampl. e atual. São Paulo: Atlas, 2003.

GOMES, Marcus Livio; ANTONELLI, Leonardo Pietro (coord.). *Curso de direito tributário brasileiro*. São Paulo: Quartier Latin, 2005. v. 1.

GRAU, Eros Roberto. *A ordem econômica na Constituição de 1988*. 8. ed. São Paulo: Malheiros, 2003.

GRECO, Marco Aurélio. *Contribuições*: uma figura "sui generis". São Paulo: Dialética, 2000.

GUIMARÃES, Lígia. Brasileiro gastou R$ 174 com CPMF em 2006. *G1*, 24 out. 2006. Disponível em: http://g1.globo.com/Noticias/Economia/0,,AA1321688-5599,00.html. Acesso em: 24 out. 2006.

HORTA, Raul Machado. *Estudos de direito constitucional*. Belo Horizonte: Del Rey, 1995.

ICHIHARA, Yoshiaki. *Direito tributário*: atualizado de acordo com as EC n. 3, de 17-3-93, 10, de 4-3-96, 12, de 15-8-96, 17, de 22-11-97, e 21, de 18-3-99. 10. ed. São Paulo: Atlas, 2001.

IUDÍCIBUS, Sérgio (coord.). *Contabilidade introdutória*. 9. ed. São Paulo: Atlas, 1998.

LIMA, Aristóteles Moreira; LOBO, Marcelo Jatobá (coord.). *Questões controvertidas em matéria tributária*: uma homenagem ao professor Paulo de Barros Carvalho. Belo Horizonte: Fórum, 2004.

MACHADO, Hugo de Brito. *Curso de direito tributário*. 20. ed. rev., atual. e ampl. São Paulo: Malheiros, 2002.

MACHADO, Hugo de Brito. *Estudos de direito penal tributário*. São Paulo: Atlas, 2002.

MACHADO, Hugo de Brito. *Os princípios jurídicos da tributação na Constituição de 1988*. 4. ed. São Paulo: Dialética, 2001.

MARTINS, Ives Gandra da Silva. Direitos fundamentais do contribuinte. *Pesquisas Tributárias*, São Paulo, Nova Série, n. 6, 2002.

MARTINS, Ives Gandra da Silva. Direito tributário e reforma do sistema. *Pesquisas Tributárias*, São Paulo, Nova Série, n. 9, 2003.

MARTINS, Ives Gandra da Silva (coord.). Contribuições de intervenção no domínio econômico. *Pesquisas Tributárias*, São Paulo, Nova Série, n. 8, 2002.

MARTINS, Sergio Pinto. *Contribuições sindicais*: direito comparado e internacional; contribuições assistencial, confederativa e sindical. 4. ed. São Paulo: Atlas, 2004.

MARTINS, Sergio Pinto. *Fundamentos de direito da seguridade social*. 2. ed. São Paulo: Atlas, 2002.

MARTINS, Sergio Pinto. *Manual de direito tributário*. 3. ed. São Paulo: Atlas, 2004.

MATA, Carolina Theodoro da Silva Mata. Regulação e desregulação: uma discussão sobre o equilíbrio entre mercado e coletividade. *In*: DI PIETRO, Maria Sylvia Zanella. *Direito regulatório*: temas polêmicos. Belo Horizonte: Fórum, 2003.

MORAES, Alexandre de. *Constituição do Brasil interpretada*. São Paulo: Atlas, 2002.

MORAES, Bernardo Ribeiro de. *Compêndio de direito tributário*. 5. ed. Rio de Janeiro: Forense, 1996.

NADER, Paulo. *Introdução ao estudo do direito*. 16. ed. Rio de Janeiro: Forense, 1998.

NOGUEIRA, Alberto. *A reconstrução dos direitos humanos da tributação*. Rio de Janeiro: Renovar, 1997.

NOGUEIRA, Alberto. *O devido processo legal tributário*. 3. ed. Rio de Janeiro: Renovar, 2002.

NOGUEIRA, Alberto. *Os limites da legalidade tributária no Estado Democrático de Direito*: fisco x contribuinte na arena jurídica – ataque e defesa. 2. ed. Rio de Janeiro: Renovar, 1999.

NOGUEIRA, Roberto Wagner Lima. *Direito financeiro e justiça tributária*. Rio de Janeiro: Lumen Juris, 2004.

OLIVEIRA, Cláudio Brandão de (org.). *Constituição da República Federativa do Brasil*. 9. ed. Rio de Janeiro: Roma Victor, 2006.

OLIVEIRA, José Marcos Domingues. Aspectos tributários do direito do petróleo: natureza jurídica das participações governamentais – *government take*. *Revista Internacional de Direito Tributário*, Belo Horizonte, 2004.

OLIVEIRA, Vicente Kleber de Melo. *Direito tributário*: sistema tributário nacional; teoria e prática. Belo Horizonte: Del Rey, 2001.

PAULSEN, Leandro. *Direito tributário*: Constituição e Código Tributário à luz da doutrina e da jurisprudência. 8. ed. rev. atual. Porto Alegre: Livraria do Advogado: Esmafe, 2006.

PEREIRA, Luiz Carlos Bresser; SPINK, Peter (org.). *Reforma do Estado e administração pública gerencial*. 7. ed. Rio de Janeiro: Fundação Getulio Vargas, 2006.

PÉREZ LUÑO, Antonio Enrique. *Derechos humanos, Estado de Derecho y Constitución*. 9. ed. Madrid: Tecnos, 2005.

PIMENTA, Paulo Roberto Lyrio. *Contribuições de intervenção no domínio econômico*. São Paulo: Dialética, 2002.

REZENDE, Fernando; CUNHA, Armando. *Contribuintes e cidadãos*: compreendendo o orçamento federal. Rio de Janeiro: Editora FGV, 2002.

SILVA, De Plácido e. *Vocabulário jurídico*. 23. ed. Rio de Janeiro: Forense, 2003.

SILVA, José Afonso da. *Curso de direito constitucional positivo*. 23. ed. São Paulo: Malheiros, 2004.

SILVA, Marcelo Abdalla da. *Direito tributário didático*: para concursos e acadêmicos de direito. Belo Horizonte: Inédita, 1996.

SOUTO, Marcos Juruena Villela. *Desestatização, privatização, concessões e terceirizações*. 3. ed. Rio de Janeiro: Lumen Juris, 2000.

SOUTO, Marcos Juruena Villela. *Direito administrativo regulatório*. Rio de Janeiro: Lumen Juris, 2002.

SPAGNOL, Werther Botelho. *Curso de direito tributário*. Belo Horizonte: Del Rey, 2004.

TORRES, Ricardo Lobo. *Curso de direito financeiro e tributário*. 13. ed. atual. até a publicação da Emenda Constitucional n. 48, de 10/8/2005, e a LC n. 118, de 9/2/2005, que adaptou o Código Tributário Nacional à Lei de Falências. Rio de Janeiro: Renovar, 2006.

URBINA, Alberto Trueba. *La primera constitución político-social del mundo*. México: Porrúa, 1971.

VASCONCELOS, Roberto Pereira. *Constituição dos Estados Unidos do Brasil*: interpretada pelo Supremo Tribunal Federal. Rio de Janeiro: Editora Nacional de Direito, 1944.

WEISS, Fernando Lemme. *Justiça tributária*: um enfoque sobre as renúncias fiscais, a reforma tributária de 2003/2004 e os códigos de defesa dos contribuintes (ES, IT, SP, MG e o projeto brasileiro). 2. ed. Rio de Janeiro: Lumen Juris, 2004.

XAVIER, Alberto. *Os princípios da legalidade e da tipicidade da tributação*. São Paulo: Revista dos Tribunais, 1978.

ANEXOS

PRINCIPAIS DIPLOMAS LEGAIS RELACIONADOS A CIDE-COMBUSTÍVEL

- Emenda Constitucional 33/2001
- Emenda Constitucional 42/2004
- Emenda Constitucional 44/2004
- Lei nº 10.336/2001
- Lei nº 10.866/2021
- Lei nº 14.237/2021

EMENDA CONSTITUCIONAL Nº 33, DE 11/12/2001

Art. 1º O Art. 149 da Constituição Federal passa a vigorar acrescido dos seguintes parágrafos, renumerando-se o atual parágrafo único para § 1º:

> **"Art. 149.**..
>
> § 1º ....
>
> § 2º As contribuições sociais e de intervenção no domínio econômico de que trata o *caput* deste artigo:
>
> I – não incidirão sobre as receitas decorrentes de exportação;
>
> II – poderão incidir sobre a importação de petróleo e seus derivados, gás natural e seus derivados e álcool combustível;
>
> III – poderão ter alíquotas:
>
> *a) ad valorem*, tendo por base o faturamento, a receita bruta ou o valor da operação e, no caso de importação, o valor aduaneiro;
>
> *b)* específica, tendo por base a unidade de medida adotada.
>
> § 3º A pessoa natural destinatária das operações de importação poderá ser equiparada a pessoa jurídica, na forma da lei.
>
> § 4º A lei definirá as hipóteses em que as contribuições incidirão uma única vez."

Art. 2º O art. 155 da Constituição Federal passa a vigorar com as seguintes alterações:

> "**Art. 155**...
>
> § 2º..
>
> IX –..
>
> *a)* sobre a entrada de bem ou mercadoria importados do exterior por pessoa física ou jurídica, ainda que não seja contribuinte habitual do imposto, qualquer que seja a sua finalidade, assim como sobre o serviço prestado no exterior, cabendo o imposto ao Estado onde estiver situado o domicílio ou o estabelecimento do destinatário da mercadoria, bem ou serviço;
>
> XII –..
>
> *h)* definir os combustíveis e lubrificantes sobre os quais o imposto incidirá uma única vez, qualquer que seja a sua finalidade, hipótese em que não se aplicará o disposto no inciso X, *b*;
>
> *i)* fixar a base de cálculo, de modo que o montante do imposto a integre, também na importação do exterior de bem, mercadoria ou serviço.
>
> § 3º À exceção dos impostos de que tratam o inciso II do *caput* deste artigo e o art. 153, I e II, nenhum outro imposto poderá incidir sobre operações relativas a energia elétrica, serviços de telecomunicações, derivados de petróleo, combustíveis e minerais do País.
>
> § 4º Na hipótese do inciso XII, h, observar-se-á o seguinte:
>
> I – nas operações com os lubrificantes e combustíveis derivados de petróleo, o imposto caberá ao Estado onde ocorrer o consumo;
>
> II – nas operações interestaduais, entre contribuintes, com gás natural e seus derivados, e lubrificantes e combustíveis não incluídos no inciso I deste parágrafo, o imposto será repartido entre os Estados de origem e de destino, mantendo-se a mesma proporcionalidade que ocorre nas operações com as demais mercadorias;

III – nas operações interestaduais com gás natural e seus derivados, e lubrificantes e combustíveis não incluídos no inciso I deste parágrafo, destinadas a não contribuinte, o imposto caberá ao Estado de origem;

IV – as alíquotas do imposto serão definidas mediante deliberação dos Estados e Distrito Federal, nos termos do § 2º, XII, *g*, observando-se o seguinte:

a) serão uniformes em todo o território nacional, podendo ser diferenciadas por produto;

b) poderão ser específicas, por unidade de medida adotada, ou ad valorem, incidindo sobre o valor da operação ou sobre o preço que o produto ou seu similar alcançaria em uma venda em condições de livre concorrência;

c) poderão ser reduzidas e restabelecidas, não se lhes aplicando o disposto no art. 150, III, *b*.

§ 5ºAs regras necessárias à aplicação do disposto no § 4º, inclusive as relativas à apuração e à destinação do imposto, serão estabelecidas mediante deliberação dos Estados e do Distrito Federal, nos termos do § 2º, XII, *g*."

Art. 3º O art. 177 da Constituição Federal passa a vigorar acrescido do seguinte parágrafo:

"**Art. 177**..

§ 1º A lei que instituir contribuição de intervenção no domínio econômico relativa às atividades de importação ou comercialização de petróleo e seus derivados, gás natural e seus derivados e álcool combustível deverá atender aos seguintes requisitos:

I – a alíquota da contribuição poderá ser:

a) diferenciada por produto ou uso;

b) reduzida e restabelecida por ato do Poder Executivo, não se lhe aplicando o disposto no art. 150, III, *b*;

II – os recursos arrecadados serão destinados:

a) ao pagamento de subsídios a preços ou transporte de álcool combustível, gás natural e seus derivados e derivados de petróleo;

b) ao financiamento de projetos ambientais relacionados com a indústria do petróleo e do gás;

c) ao financiamento de programas de infraestrutura de transportes."

Art. 4º Enquanto não entrar em vigor a lei complementar de que trata o art. 155, § 2º, XII, *h*, da Constituição Federal, os Estados e o Distrito Federal, mediante convênio celebrado nos termos do § 2º, XII, *g*, do mesmo artigo, fixarão normas para regular provisoriamente a matéria.

Art. 5º Esta Emenda Constitucional entra em vigor na data de sua promulgação.

EMENDA CONSTITUCIONAL
Nº 42, DE 19/12/2003

Art. 1º Os artigos da Constituição a seguir enumerados passam a vigorar com as seguintes alterações:

> **"Art. 37.** ....
>
> XXII - as administrações tributárias da União, dos Estados, do Distrito Federal e dos Municípios, atividades essenciais ao funcionamento do Estado, exercidas por servidores de carreiras específicas, terão recursos prioritários para a realização de suas atividades e atuarão de forma integrada, inclusive com o compartilhamento de cadastros e de informações fiscais, na forma da lei ou convênio."
>
> **"Art. 52.** ....
>
> XV -avaliar periodicamente a funcionalidade do Sistema Tributário Nacional, em sua estrutura e seus componentes, e o desempenho das administrações tributárias da União, dos Estados e do Distrito Federal e dos Municípios."
>
> **"Art. 146.**..
>
> III - ....
>
> *d)* definição de tratamento diferenciado e favorecido para as microempresas e para as empresas de pequeno porte, inclusive regimes especiais ou simplificados no caso do imposto previsto no art. 155, II, das contribuições previstas no art. 195, I e §§ 12 e 13, e da contribuição a que se refere o art. 239.

Parágrafo único. A lei complementar de que trata o inciso III, *d*, também poderá instituir um regime único de arrecadação dos impostos e contribuições da União, dos Estados, do Distrito Federal e dos Municípios, observado que:

I – será opcional para o contribuinte;

II – poderão ser estabelecidas condições de enquadramento diferenciadas por Estado;

III – o recolhimento será unificado e centralizado e a distribuição da parcela de recursos pertencentes aos respectivos entes federados será imediata, vedada qualquer retenção ou condicionamento;

IV –a arrecadação, a fiscalização e a cobrança poderão ser compartilhadas pelos entes federados, adotado cadastro nacional único de contribuintes."

"**Art. 146-A.** Lei complementar poderá estabelecer critérios especiais de tributação, com o objetivo de prevenir desequilíbrios da concorrência, sem prejuízo da competência de a União, por lei, estabelecer normas de igual objetivo."

"**Art. 149**..

§ 2º..

II – incidirão também sobre a importação de produtos estrangeiros ou serviços;"

"**Art. 150**..

III – ....

c) antes de decorridos noventa dias da data em que haja sido publicada a lei que os instituiu ou aumentou, observado o disposto na alínea *b*;

....

§ 1º A vedação do inciso III, *b*, não se aplica aos tributos previstos nos arts. 148, I, 153, I, II, IV e V; e 154, II; e a vedação do inciso III, *c*, não se aplica aos tributos previstos nos arts. 148, I, 153, I, II, III e V; e 154, II, nem à fixação da base de cálculo dos impostos previstos nos arts. 155, III, e 156, I."

"Art. 153. ....

§ 3º..

IV – terá reduzido seu impacto sobre a aquisição de bens de capital pelo contribuinte do imposto, na forma da lei.

§ 4º O imposto previsto no inciso VI do *caput*:

I – será progressivo e terá suas alíquotas fixadas de forma a desestimular a manutenção de propriedades improdutivas;

II – não incidirá sobre pequenas glebas rurais, definidas em lei, quando as explore o proprietário que não possua outro imóvel;

III – será fiscalizado e cobrado pelos Municípios que assim optarem, na forma da lei, desde que não implique redução do imposto ou qualquer outra forma de renúncia fiscal."

"Art. 155. ....

§ 2º..

X –..

a) sobre operações que destinem mercadorias para o exterior, nem sobre serviços prestados a destinatários no exterior, assegurada a manutenção e o aproveitamento do montante do imposto cobrado nas operações e prestações anteriores;

....

d) nas prestações de serviço de comunicação nas modalidades de radiodifusão sonora e de sons e imagens de recepção livre e gratuita;

....

§ 6º O imposto previsto no inciso III:

I – terá alíquotas mínimas fixadas pelo Senado Federal;

II – poderá ter alíquotas diferenciadas em função do tipo e utilização."

"Art. 158. ....

II – cinquenta por cento do produto da arrecadação do imposto da União sobre a propriedade territorial rural, relativamente aos imóveis neles situados, cabendo a totalidade na hipótese da opção a que se refere o art. 153, § 4º, III;"

"Art. 159...

III – do produto da arrecadação da contribuição de intervenção no domínio econômico prevista no art. 177, § 4º, vinte e cinco por cento para os Estados e o Distrito Federal, distribuídos na forma da lei, observada a destinação a que refere o inciso II, c, do referido parágrafo.

....

§ 4º Do montante de recursos de que trata o inciso III que cabe a cada Estado, vinte e cinco por cento serão destinados aos seus Municípios, na forma da lei a que se refere o mencionado inciso."

"Art. 167...

IV – a vinculação de receita de impostos a órgão, fundo ou despesa, ressalvadas a repartição do produto da arrecadação dos impostos a que se referem os arts. 158 e 159, a destinação de recursos para as ações e serviços públicos de saúde, para manutenção e desenvolvimento do ensino e para realização de atividades da administração tributária, como determinado, respectivamente, pelos arts. 198, § 2º, 212 e 37, XXII, e a prestação de garantias às operações de crédito por antecipação de receita, previstas no art. 165, § 8º, bem como o disposto no § 4º deste artigo;"

"Art. 170...

VI – defesa do meio ambiente, inclusive mediante tratamento diferenciado conforme o impacto ambiental dos produtos e serviços e de seus processos de elaboração e prestação;"

"Art. 195...

IV – do importador de bens ou serviços do exterior, ou de quem a lei a ele equiparar.

....

§ 12. A lei definirá os setores de atividade econômica para os quais as contribuições incidentes na forma dos incisos I, *b*; e IV do *caput*, serão não cumulativas.

§ 13. Aplica-se o disposto no § 12 inclusive na hipótese de substituição gradual, total ou parcial, da contribuição incidente na forma do inciso I, *a*, pela incidente sobre a receita ou o faturamento."

"Art. 204....

Parágrafo único. É facultado aos Estados e ao Distrito Federal vincular a programa de apoio à inclusão e promoção social até cinco décimos por cento de sua receita tributária líquida, vedada a aplicação desses recursos no pagamento de:

I - despesas com pessoal e encargos sociais;

II - serviço da dívida;

III - qualquer outra despesa corrente não vinculada diretamente aos investimentos ou ações apoiados."

"Art. 216....

§ 6º É facultado aos Estados e ao Distrito Federal vincular a fundo estadual de fomento à cultura até cinco décimos por cento de sua receita tributária líquida, para o financiamento de programas e projetos culturais, vedada a aplicação desses recursos no pagamento de:

I - despesas com pessoal e encargos sociais;

II - serviço da dívida;

III - qualquer outra despesa corrente não vinculada diretamente aos investimentos ou ações apoiados."

Art. 2º Os artigos do Ato das Disposições Constitucionais Transitórias a seguir enumerados passam a vigorar com as seguintes alterações:

"Art. 76. É desvinculado de órgão, fundo ou despesa, no período de 2003 a 2007, vinte por cento da arrecadação da União de impostos, contribuições sociais e de intervenção no domínio econômico, já instituídos ou que vierem a ser criados no referido período, seus adicionais e respectivos acréscimos legais.

§ 1º O disposto no *caput* deste artigo não reduzirá a base de cálculo das transferências a Estados, Distrito Federal e Municípios na forma dos arts. 153, § 5º; 157, I; 158, I e II; e 159, I, *a* e *b*; e II, da Constituição, bem como a base de cálculo das destinações a que se refere o art. 159, I, *c*, da Constituição."

> "**Art. 82.**...
>
> § 1º Para o financiamento dos Fundos Estaduais e Distrital, poderá ser criado adicional de até dois pontos percentuais na alíquota do Imposto sobre Circulação de Mercadorias e Serviços – ICMS, sobre os produtos e serviços supérfluos e nas condições definidas na lei complementar de que trata o art. 155, § 2º, XII, da Constituição, não se aplicando, sobre este percentual, o disposto no art. 158, IV, da Constituição."
>
> "**Art. 83.** Lei federal definirá os produtos e serviços supérfluos a que se referem os arts. 80, II, e 82, § 2º."

Art. 3º O Ato das Disposições Constitucionais Transitórias passa a vigorar acrescido dos seguintes artigos:

> "**Art. 90.** O prazo previsto no *caput* do art. 84 deste Ato das Disposições Constitucionais Transitórias fica prorrogado até 31 de dezembro de 2007.
>
> § 1º Fica prorrogada, até a data referida no *caput* deste artigo, a vigência da Lei nº 9.311, de 24 de outubro de 1996, e suas alterações.
>
> § 2º Até a data referida no *caput* deste artigo, a alíquota da contribuição de que trata o art. 84 deste Ato das Disposições Constitucionais Transitórias será de trinta e oito centésimos por cento."
>
> "**Art. 91.** A União entregará aos Estados e ao Distrito Federal o montante definido em lei complementar, de acordo com critérios, prazos e condições nela determinados, podendo considerar as exportações para o exterior de produtos primários e semielaborados, a relação entre as exportações e as importações, os créditos decorrentes de aquisições destinadas ao ativo permanente e a efetiva manutenção e aproveitamento do crédito do imposto a que se refere o art. 155, § 2º, X, *a*.
>
> § 1º Do montante de recursos que cabe a cada Estado, setenta e cinco por cento pertencem ao próprio Estado, e vinte e cinco por cento, aos seus Municípios, distribuídos segundo os critérios a que se refere o art. 158, parágrafo único, da Constituição.

§ 2º A entrega de recursos prevista neste artigo perdurará, conforme definido em lei complementar, até que o imposto a que se refere o art. 155, II, tenha o produto de sua arrecadação destinado predominantemente, em proporção não inferior a oitenta por cento, ao Estado onde ocorrer o consumo das mercadorias, bens ou serviços.

§ 3º Enquanto não for editada a lei complementar de que trata o *caput*, em substituição ao sistema de entrega de recursos nele previsto, permanecerá vigente o sistema de entrega de recursos previsto no art. 31 e Anexo da Lei Complementar nº 87, de 13 de setembro de 1996, com a redação dada pela Lei Complementar nº 115, de 26 de dezembro de 2002.

§ 4º Os Estados e o Distrito Federal deverão apresentar à União, nos termos das instruções baixadas pelo Ministério da Fazenda, as informações relativas ao imposto de que trata o art. 155, II, declaradas pelos contribuintes que realizarem operações ou prestações com destino ao exterior."

"**Art. 92.** São acrescidos dez anos ao prazo fixado no art. 40 deste Ato das Disposições Constitucionais Transitórias."

"**Art. 93.** A vigência do disposto no art. 159, III, e § 4º, iniciará somente após a edição da lei de que trata o referido inciso III."

"**Art. 94.** Os regimes especiais de tributação para microempresas e empresas de pequeno porte próprios da União, dos Estados, do Distrito Federal e dos Municípios cessarão a partir da entrada em vigor do regime previsto no art. 146, III, *d*, da Constituição."

Art. 4º Os adicionais criados pelos Estados e pelo Distrito Federal até a data da promulgação desta Emenda, naquilo em que estiverem em desacordo com o previsto nesta Emenda, na Emenda Constitucional nº 31, de 14 de dezembro de 2000, ou na lei complementar de que trata o art. 155, § 2º, XII, da Constituição, terão vigência, no máximo, até o prazo previsto no art. 79 do Ato das Disposições Constitucionais Transitórias.

Art. 5º O Poder Executivo, em até sessenta dias contados da data da promulgação desta Emenda, encaminhará ao Congresso Nacional projeto de lei, sob o regime de urgência constitucional, que disciplinará os benefícios fiscais para a capacitação do setor de tecnologia da informação, que vigerão até 2019 nas condições que estiverem em vigor no ato da aprovação desta Emenda.

Art. 6º Fica revogado o inciso II do § 3º do art. 84 do Ato das Disposições Constitucionais Transitórias.

EMENDA CONSTITUCIONAL Nº 44, DE 30/06/2004

Art. 1º O inciso III do art. 159 da Constituição passa a vigorar com a seguinte redação:

> **"Art. 159.** ....
>
> ....
>
> III - do produto da arrecadação da contribuição de intervenção no domínio econômico prevista no art. 177, § 4º, 29% (vinte e nove por cento) para os Estados e o Distrito Federal, distribuídos na forma da lei, observada a destinação a que se refere o inciso II, *c*, do referido parágrafo.
>
> ...."

Art. 2º Esta Emenda à Constituição entra em vigor na data de sua publicação.

LEI Nº 10.336, DE 19 DE DEZEMBRO DE 2001

Institui Contribuição de Intervenção no Domínio Econômico incidente sobre a importação e a comercialização de petróleo e seus derivados, gás natural e seus derivados, e álcool etílico combustível (Cide), e dá outras providências.

O PRESIDENTE DA REPÚBLICA,

Faço saber que o Congresso Nacional decreta e eu sanciono a seguinte Lei:

Art. 1º Fica instituída a Contribuição de Intervenção no Domínio Econômico incidente sobre a importação e a comercialização de petróleo e seus derivados, gás natural e seus derivados, e álcool etílico combustível (Cide), a que se refere os arts. 149 e 177 da Constituição Federal, com a redação dada pela Emenda Constitucional nº 33, de 11 de dezembro de 2001.

§ 1º O produto da arrecadação da Cide será destinada, na forma da lei orçamentária, ao:

I – pagamento de subsídios a preços ou transporte de álcool combustível, de gás natural e seus derivados e de derivados de petróleo;

II – financiamento de projetos ambientais relacionados com a indústria do petróleo e do gás; *(Inciso com redação dada pela Lei nº 14.237, de 19/11/2021)*

III – financiamento de programas de infraestrutura de transportes; e *(Inciso com redação dada pela Lei nº 14.237, de 19/11/2021)*

IV – financiamento do auxílio destinado a mitigar o efeito do preço do gás liquefeito de petróleo sobre o orçamento das famílias de baixa renda. *(Inciso acrescido pela Lei nº 14.237, de 19/11/2021, publicada no DOU de 22/11/2021, com prazo de vigência de 5 anos, produzindo efeitos desde a abertura dos créditos orçamentários necessários à sua execução)*

§ 2º Durante o ano de 2002, será avaliada a efetiva utilização dos recursos obtidos da Cide, e, a partir de 2003, os critérios e diretrizes serão previstos em lei específica.

Art. 1º-A A União entregará aos Estados e ao Distrito Federal, para ser aplicado, obrigatoriamente, no financiamento de programas de infraestrutura de transportes, o percentual a que se refere o art. 159, III, da Constituição Federal, calculado sobre a arrecadação da contribuição prevista no art. 1º desta Lei, inclusive os respectivos adicionais, juros e multas moratórias cobrados, administrativa ou judicialmente, deduzidos os valores previstos no art. 8º desta Lei e a parcela desvinculada nos termos do art. 76 do Ato das Disposições Constitucionais Transitórias. *("Caput" do artigo acrescido pela Lei nº 10.866, de 4/5/2004) (Parte final do artigo declarada inconstitucional, em controle concentrado, pelo Supremo Tribunal Federal, pela ADI nº 5.628/2016, publicada no DOU de 9/9/2020)*

§ 1º Os recursos serão distribuídos pela União aos Estados e ao Distrito Federal, trimestralmente, até o 8º (oitavo) dia útil do mês subsequente ao do encerramento de cada trimestre, mediante crédito em conta vinculada aberta para essa finalidade no Banco do Brasil S.A. ou em outra instituição financeira que venha a ser indicada pelo Poder Executivo federal. *(Parágrafo acrescido pela Lei nº 10.866, de 4/5/2004) (Parte final do artigo declarada inconstitucional, em controle concentrado, pelo Supremo Tribunal Federal, pela ADI nº 5.628/2016, publicada no DOU de 9/9/2020)*

§ 2º A distribuição a que se refere o § 1º deste artigo observará os seguintes critérios:

I – 40% (quarenta por cento) proporcionalmente à extensão da malha viária federal e estadual pavimentada existente em cada Estado e no Distrito Federal, conforme estatísticas elaboradas pelo Departamento Nacional de Infra-Estrutura de Transportes – DNIT;

II – 30% (trinta por cento) proporcionalmente ao consumo, em cada Estado e no Distrito Federal, dos combustíveis a que a Cide se aplica, conforme estatísticas elaboradas pela Agência Nacional do Petróleo – ANP;

III 20% (vinte por cento) proporcionalmente à população, conforme apurada pela Fundação Instituto Brasileiro de Geografia e Estatística – IBGE;

IV – 10% (dez por cento) distribuídos em parcelas iguais entre os Estados e o Distrito Federal. *(Parágrafo acrescido pela Lei nº 10.866, de 4/5/2004) (Parte final do artigo declarada inconstitucional, em controle concentrado, pelo Supremo Tribunal Federal, pela ADI nº 5.628/2016, publicada no DOU de 9/9/2020)*

§ 3º Para o exercício de 2004, os percentuais de entrega aos Estados e ao Distrito Federal serão os constantes do Anexo desta Lei. *(Parágrafo acrescido pela Lei nº 10.866, de 4/5/2004) (Parte final do artigo declarada inconstitucional, em controle concentrado, pelo Supremo Tribunal Federal, pela ADI nº 5.628/2016, publicada no DOU de 9/9/2020)*

§ 4º A partir do exercício de 2005, os percentuais individuais de participação dos Estados e do Distrito Federal serão calculados pelo Tribunal de Contas da União na forma do § 2º deste artigo, com base nas estatísticas referentes ao ano imediatamente anterior, observado o seguinte cronograma:

I – até o último dia útil de janeiro, os órgãos indicados nos incisos I a III do § 2º deste artigo enviarão as informações necessárias ao Tribunal de Contas da União;

II – até 15 de fevereiro, o Tribunal de Contas da União publicará os percentuais individuais de que trata o *caput* deste parágrafo;

III – até o último dia útil de março, o Tribunal de Contas da União republicará os percentuais com as eventuais alterações decorrentes da aceitação do recurso a que se refere o § 5º deste artigo. *(Parágrafo acrescido pela Lei nº 10.866, de 4/5/2004) (Parte final do artigo declarada inconstitucional, em controle concentrado, pelo Supremo Tribunal Federal, pela ADI nº 5.628/2016, publicada no DOU de 9/9/2020)*

§ 5º Os Estados e o Distrito Federal poderão apresentar recurso para retificação dos percentuais publicados, observados a regulamentação e os prazos estabelecidos pelo Tribunal de Contas da União. *(Parágrafo acrescido pela Lei nº 10.866, de 4/5/2004) (Parte final do artigo declarada inconstitucional, em controle concentrado, pelo Supremo Tribunal Federal, pela ADI nº 5.628/2016, publicada no DOU de 9/9/2020)*

§ 6º Os repasses aos Estados e ao Distrito Federal serão realizados com base nos percentuais republicados pelo Tribunal de Contas da União, efetuando-se eventuais ajustes quando do julgamento definitivo dos recursos a que se refere o § 5º deste artigo. *(Parágrafo acrescido pela Lei nº 10.866, de 4/5/2004) (Parte final do artigo declarada inconstitucional, em controle concentrado, pelo Supremo Tribunal Federal, pela ADI nº 5.628/2016, publicada no DOU de 9/9/2020)*

§ 7º Os Estados e o Distrito Federal deverão encaminhar ao Ministério dos Transportes, até o último dia útil de outubro, proposta de programa de trabalho para utilização dos recursos mencionados no *caput* deste artigo, a serem recebidos no exercício subsequente, contendo a descrição dos projetos de infraestrutura de transportes, os respectivos custos unitários e totais e os cronogramas financeiros correlatos. *(Parágrafo acrescido pela Lei nº 10.866, de 4/5/2004) (Parte final do artigo declarada inconstitucional, em controle concentrado, pelo Supremo Tribunal Federal, pela ADI nº 5.628/2016, publicada no DOU de 9/9/2020)*

§ 8º Caberá ao Ministério dos Transportes:

I – publicar no *Diário Oficial da União*, até o último dia útil do ano, os programas de trabalho referidos no § 7º deste artigo, inclusive os custos unitários e totais e os cronogramas financeiros correlatos;

II – receber as eventuais alterações dos programas de trabalho enviados pelos Estados ou pelo Distrito Federal e publicá-las no *Diário Oficial da União*, em até 15 (quinze) dias após o recebimento. *(Parágrafo acrescido pela Lei nº 10.866, de 4/5/2004) (Parte final do artigo declarada inconstitucional, em controle concentrado, pelo Supremo Tribunal Federal, pela ADI nº 5.628/2016, publicada no DOU de 9/9/2020)*

§ 9º É vedada a alteração que implique convalidação de ato já praticado em desacordo com o programa de trabalho vigente. *(Parágrafo acrescido pela Lei nº 10.866, de 4/5/2004) (Parte final do artigo declarada inconstitucional, em controle concentrado, pelo Supremo Tribunal Federal, pela ADI nº 5.628/2016, publicada no DOU de 9/9/2020)*

§ 10. Os saques das contas vinculadas referidas no § 1º deste artigo ficam condicionados à inclusão das receitas e à previsão das despesas na lei orçamentária estadual ou do Distrito Federal e limitados ao pagamento das despesas constantes dos programas de trabalho referidos no § 7º deste artigo. *(Parágrafo acrescido pela Lei nº 10.866, de 4/5/2004) (Parte final do artigo declarada inconstitucional, em controle concentrado, pelo Supremo Tribunal Federal, pela ADI nº 5.628/2016, publicada no DOU de 9/9/2020)*

§ 11. Sem prejuízo do controle exercido pelos órgãos competentes, os Estados e o Distrito Federal deverão encaminhar ao Ministério dos Transportes, até o último dia útil de fevereiro, relatório contendo demonstrativos da execução orçamentária e financeira dos respectivos programas de trabalho e o saldo das contas vinculadas mencionadas no § 1º deste artigo em 31 de dezembro do ano imediatamente anterior. *(Parágrafo acrescido pela Lei nº 10.866, de 4/5/2004) (Parte final do artigo declarada inconstitucional, em controle concentrado, pelo Supremo Tribunal Federal, pela ADI nº 5.628/2016, publicada no DOU de 9/9/2020)*

§ 12. No exercício de 2004, os Estados e o Distrito Federal devem enviar suas propostas de programa de trabalho para o exercício até o último dia útil de fevereiro, cabendo ao Ministério dos Transportes publicá-las até o último dia útil de março. *(Parágrafo acrescido pela Lei nº 10.866, de 4/5/2004) (Parte final do artigo declarada inconstitucional, em controle concentrado, pelo Supremo Tribunal Federal, pela ADI nº 5.628/2016, publicada no DOU de 9/9/2020)*

§ 13. No caso de descumprimento do programa de trabalho a que se refere o § 7º deste artigo, o Poder Executivo federal poderá determinar à instituição financeira referida no § 1º deste artigo a suspensão do saque dos valores da conta vinculada da respectiva unidade da federação até a regularização da pendência. *(Parágrafo acrescido pela Lei nº 10.866, de 4/5/2004) (Parte final do artigo declarada inconstitucional, em controle concentrado, pelo Supremo Tribunal Federal, pela ADI nº 5.628/2016, publicada no DOU de 9/9/2020)*

§ 14. Os registros contábeis e os demonstrativos gerenciais, mensais e atualizados, relativos aos recursos recebidos nos termos deste artigo ficarão à disposição dos órgãos federais e estaduais de controle interno e externo. *(Parágrafo acrescido pela Lei nº 10.866, de 4/5/2004) (Parte final do artigo declarada inconstitucional, em controle concentrado, pelo Supremo Tribunal Federal, pela ADI nº 5.628/2016, publicada no DOU de 9/9/2020)*

§ 15. Na definição dos programas de trabalho a serem realizados com os recursos recebidos nos termos deste artigo, a União, por intermédio dos Ministérios dos Transportes, das Cidades, e do Planejamento, Orçamento e Gestão, os Estados e o Distrito Federal atuarão de forma conjunta, visando a garantir a eficiente integração dos respectivos sistemas de transportes, a compatibilização das ações dos respectivos planos plurianuais e o alcance dos objetivos previstos no art. 6º da Lei nº 10.636, de 30 de dezembro de 2002. *(Parágrafo acrescido pela Lei nº 10.866, de 4/5/2004) (Parte final do artigo declarada inconstitucional, em controle concentrado, pelo Supremo Tribunal Federal, pela ADI nº 5.628/2016, publicada no DOU de 9/9/2020)*

§ 16. Os programas de infraestrutura de que tratam o *caput* deste artigo e o inciso III do § 1º do art. 1º compreenderão projetos de infraestrutura fixa ou rodante, incluídos os de renovação de frota circulante. *(Parágrafo acrescido pela Medida Provisória nº 1.112, de 31/3/2022)*

Art. 1º-B Do montante dos recursos que cabe a cada Estado, com base no *caput* do art. 1º-A desta Lei, 25% (vinte e cinco por cento) serão destinados aos seus Municípios para serem aplicados no financiamento de programas de infraestrutura de transportes.

§ 1º Enquanto não for sancionada a lei federal a que se refere o art. 159, § 4º, da Constituição Federal, a distribuição entre os Municípios observará os seguintes critérios:

I – 50% (cinquenta por cento) proporcionalmente aos mesmos critérios previstos na regulamentação da distribuição dos recursos do Fundo de que tratam os arts. 159, I, *b*, e 161, II, da Constituição Federal; e

II – 50% (cinquenta por cento) proporcionalmente à população, conforme apurada pela Fundação Instituto Brasileiro de Geografia e Estatística – IBGE.

§ 2º Os percentuais individuais de participação dos Municípios serão calculados pelo Tribunal de Contas da União na forma do § 1º deste artigo, observado, no que couber, o disposto nos §§ 4º, 5º e 6º do art. 1º-A desta Lei.

§ 3º (VETADO)

§ 4º Os saques das contas vinculadas referidas no § 3º deste artigo ficam condicionados à inclusão das receitas e à previsão das despesas na lei orçamentária municipal.

§ 5º Aplicam-se aos Municípios as determinações contidas nos §§ 14 e 15 do art. 1º-A desta Lei. *(Artigo acrescido pela Lei nº 10.866, de 4/5/2004)*

Art. 2º São contribuintes da Cide o produtor, o formulador e o importador, pessoa física ou jurídica, dos combustíveis líquidos relacionados no art. 3º.

Parágrafo único. Para efeitos deste artigo, considera-se formulador de combustível líquido, derivados de petróleo e derivados de gás natural, a pessoa jurídica, conforme definido pela Agência

Nacional do Petróleo (ANP) autorizada a exercer, em Plantas de Formulação de Combustíveis, as seguintes atividades:

I – aquisição de correntes de hidrocarbonetos líquidos;

II – mistura mecânica de correntes de hidrocarbonetos líquidos, com o objetivo de obter gasolinas e diesel;

III – armazenamento de matérias-primas, de correntes intermediárias e de combustíveis formulados;

IV – comercialização de gasolinas e de diesel; e

V – comercialização de sobras de correntes.

Art. 3º A Cide tem como fatos geradores as operações, realizadas pelos contribuintes referidos no art. 2º, de importação e de comercialização no mercado interno de:

I – gasolinas e suas correntes;

II – diesel e suas correntes;

III – querosene de aviação e outros querosenes;

IV – óleos combustíveis (*fuel-oil*);

V – gás liquefeito de petróleo, inclusive o derivado de gás natural e de nafta; e

VI – álcool etílico combustível.

§ 1º Para efeitos dos incisos I e II deste artigo, consideram-se correntes os hidrocarbonetos líquidos derivados de petróleo e os hidrocarbonetos líquidos derivados de gás natural utilizados em mistura mecânica para a produção de gasolinas ou de diesel, de conformidade com as normas estabelecidas pela ANP.

§ 2º A Cide não incidirá sobre as receitas de exportação, para o exterior, dos produtos relacionados no *caput* deste artigo.

§ 3º A receita de comercialização dos gases propano, classificado no código 2711.12, butano, classificado no código 2711.13, todos da NCM, e a mistura desses gases, quando destinados à utilização como propelentes em embalagem tipo aerossol, não estão sujeitos à incidência da CIDE-Combustíveis até o limite quantitativo autorizado pela Agência Nacional do Petróleo e nas condições estabelecidas pela Secretaria da Receita Federal. *(Parágrafo acrescido pela Lei nº 10.865, de 30/4/2004)*

Art. 4º A base de cálculo da Cide é a unidade de medida adotada nesta Lei para os produtos de que trata o art. 3º, na importação e na comercialização no mercado interno.

Art. 5º A Cide terá, na importação e na comercialização no mercado interno, as seguintes alíquotas específicas: *("Caput" do artigo com redação dada pela Lei nº 10.636, de 30/12/2002) (Vide o Decreto nº 4565, de 1/1/2003)*

I – gasolina, R$ 860,00 por m^3; *(Inciso com redação dada pela Lei nº 10.636, de 30/12/2002)*

II – diesel, R$ 390,00 por m^3; *(Inciso com redação dada pela Lei nº 10.636, de 30/12/2002)*

III – querosene de aviação, R$ 92,10 por m^3; *(Inciso com redação dada pela Lei nº 10.636, de 30/12/2002)*

IV – outros querosenes, R$ 92,10 por m^3; *(Inciso com redação dada pela Lei nº 10.636, de 30/12/2002)*

V – óleos combustíveis com alto teor de enxofre, R$ 40,90 por t; *(Inciso com redação dada pela Lei nº 10.636, de 30/12/2002)*

VI – óleos combustíveis com baixo teor de enxofre, R$ 40,90 por t; *(Inciso com redação dada pela Lei nº 10.636, de 30/12/2002)*

VII – gás liquefeito de petróleo, inclusive o derivado de gás natural e da nafta, R$ 250,00 por t; *(Inciso com redação dada pela Lei nº 10.636, de 30/12/2002)*

VIII – álcool etílico combustível, R$ 37,20 por m^3. *(Inciso acrescido pela Lei nº 10.636, de 30/12/2002)*

§ 1º Aplicam-se às correntes de hidrocarbonetos líquidos que, pelas suas características físico-químicas, possam ser utilizadas exclusivamente para a formulação de diesel, as mesmas alíquotas específicas fixadas para o produto pela ANP.

§ 2º Aplicam-se às correntes de hidrocarbonetos líquidos as mesmas alíquotas específicas fixadas para gasolinas. *(Parágrafo com redação dada pela Lei nº 10.833, de 29/12/2003)*

§ 3º O Poder Executivo poderá dispensar o pagamento da Cide incidente sobre as correntes de hidrocarbonetos líquidos não destinados à formulação de gasolina ou diesel, nos termos e condições que estabelecer, inclusive de registro especial do produtor, formulador, importador e adquirente. *(Parágrafo com redação dada pela Lei nº 10.833, de 29/12/2003)*

§ 4º Os hidrocarbonetos líquidos de que trata o § 3º serão identificados mediante marcação, nos termos e condições estabelecidos pela ANP. *(Parágrafo com redação dada pela Lei nº 10.833, de 29/12/2003)*

§ 5º *(Revogado pela Lei nº 10.833, de 29/12/2003)*

§ 6º *(Revogado pela Lei nº 10.833, de 29/12/2003)*

§ 7º A Cide devida na comercialização dos produtos referidos no *caput* integra a receita bruta do vendedor.

Art. 6º Na hipótese de importação, o pagamento da Cide deve ser efetuado na data do registro da Declaração de Importação.

Parágrafo único. No caso de comercialização, no mercado interno, a Cide devida será apurada mensalmente e será paga até o último dia útil da primeira quinzena do mês subsequente ao de ocorrência do fato gerador.

Art. 7º Do valor da Cide incidente na comercialização, no mercado interno, dos produtos referidos no art. 5º poderá ser deduzido o valor da Cide:

I – pago na importação daqueles produtos;

II – incidente quando da aquisição daqueles produtos de outro contribuinte.

Parágrafo único. A dedução de que trata este artigo será efetuada pelo valor global da Cide pago nas importações realizadas no mês, considerado o conjunto de produtos importados e comercializados, sendo desnecessária a segregação por espécie de produto.

Art. 8º O contribuinte poderá, ainda, deduzir o valor da Cide, pago na importação ou na comercialização, no mercado interno, dos valores da contribuição para o PIS/Pasep e da Cofins devidos na comercialização, no mercado interno, dos produtos referidos no art. 5º, até o limite de, respectivamente: *("Caput" do artigo com redação dada pela Lei nº 10.636, de 30/12/2002) (Vide Decreto nº 4565, de 1/1/2003)*

I – R$ 49,90 e R$ 230,10 por m^3, no caso de gasolinas; *(Inciso com redação dada pela Lei nº 10.636, de 30/12/2002)*

II – R$ 30,30 e R$ 139,70 por m^3, no caso de diesel; *(Inciso com redação dada pela Lei nº 10.636, de 30/12/2002)*

III – R$ 16,30 e R$ 75,80 por m^3, no caso de querosene de aviação; *(Inciso com redação dada pela Lei nº 10.636, de 30/12/2002)*

IV – R$ 16,30 e R$ 75,80 por m^3, no caso dos demais querosenes; *(Inciso com redação dada pela Lei nº 10.636, de 30/12/2002)*

V – R$ 14,50 e R$ 26,40 por t, no caso de óleos combustíveis com alto teor de enxofre; *(Inciso com redação dada pela Lei nº 10.636, de 30/12/2002)*

VI – R$ 14,50 e R$ 26,40 por t, no caso de óleos combustíveis com baixo teor de enxofre; *(Inciso com redação dada pela Lei nº 10.636, de 30/12/2002)*

VII – R$ 44,40 e R$ 205,60 por t, no caso de gás liquefeito de petróleo, inclusive derivado de gás natural e de nafta; *(Inciso com redação dada pela Lei nº 10.636, de 30/12/2002)*

VIII – R$ 13,20 e R$ 24,00 por m^3, no caso de álcool etílico combustível. *(Inciso com redação dada pela Lei nº 10.636, de 30/12/2002)*

§ 1º A dedução a que se refere este artigo aplica-se às contribuições relativas a um mesmo período de apuração ou posteriores.

§ 2º As parcelas da Cide deduzidas na forma deste artigo serão contabilizadas, no âmbito do Tesouro Nacional, a crédito da contribuição para o PIS/Pasep e da Cofins e a débito da própria Cide, conforme normas estabelecidas pela Secretaria da Receita Federal.

Art. 8º-A O valor da Cide-Combustíveis pago pelo vendedor de hidrocarbonetos líquidos não destinados à formulação de gasolina ou diesel poderá ser deduzido dos valores devidos pela pessoa jurídica adquirente desses produtos, relativamente a tributos ou contribuições administrados pela Receita Federal do Brasil, nos termos, limites e condições estabelecidos em regulamento. *("Caput"do artigo acrescido pela Lei nº 10.833, de 29/12/2003* e *com nova redação dada pela Lei nº 11.196, de 21/11/2005)*

§ 1º A pessoa jurídica importadora dos produtos de que trata o *caput* deste artigo não destinados à formulação de gasolina ou diesel poderá deduzir dos valores dos tributos ou contribuições administrados pela Receita Federal do Brasil, nos termos, limites e condições estabelecidos em regulamento, o valor da Cide-Combustíveis pago na importação. *(Parágrafo acrescido pela Lei nº 11.196, de 21/11/2005)*

§ 2º Aplica-se o disposto neste artigo somente aos hidrocarbonetos líquidos utilizados como insumo pela pessoa jurídica adquirente. *(Parágrafo acrescido pela Lei nº 11.196, de 21/11/2005)*

Art. 9º O Poder Executivo poderá reduzir as alíquotas específicas de cada produto, bem assim restabelecê-las até o valor fixado no art. 5º.

§ 1º O Poder Executivo poderá, também, reduzir e restabelecer os limites de dedução referidos no art. 8º.

§ 2º Observado o valor limite fixado no art. 5º, o Poder Executivo poderá estabelecer alíquotas específicas diversas para o diesel, conforme o teor de enxofre do produto, de acordo com classificação estabelecida pela ANP.

§ 3º *(VETADO na Lei nº 12.490, de 16/9/2011)*

Art. 10. São isentos da Cide os produtos, referidos no art. 3º, vendidos a empresa comercial exportadora, conforme definida pela ANP, com o fim específico de exportação para o exterior.

§ 1º A empresa comercial exportadora que no prazo de 180 (cento e oitenta) dias, contado da data de aquisição, não houver efetuado a exportação dos produtos para o exterior, fica obrigada ao pagamento da Cide de que trata esta Lei, relativamente aos produtos adquiridos e não exportados.

§ 2º Na hipótese do § 1º, o valor a ser pago será determinado mediante a aplicação das alíquotas específicas aos produtos adquiridos e não exportados.

§ 3º O pagamento do valor referido no § 2º deverá ser efetuado até o décimo dia subsequente ao do vencimento do prazo estabelecido para a empresa comercial exportadora efetivar a exportação, acrescido de:

I – multa de mora, apurada na forma do *caput* e do § 2º do art. 61 da Lei nº 9.430, de 27 de dezembro de 1996, calculada a partir do primeiro dia do mês subsequente ao de aquisição dos produtos; e

II – juros equivalentes à taxa referencial do Sistema Especial de Liquidação e Custódia – Selic, para títulos federais, acumulada mensalmente, calculados a partir do primeiro dia do mês subsequente ao de aquisição dos produtos, até o último dia do mês anterior ao do pagamento, e de 1% (um por cento) no mês do pagamento.

§ 4º A empresa comercial exportadora que alterar a destinação do produto adquirido com o fim específico de exportação, ficará sujeita ao pagamento da Cide objeto da isenção na aquisição.

§ 5º O pagamento do valor referido no § 4º deverá ser efetuado até o último dia útil da primeira quinzena do mês subsequente ao de ocorrência da revenda no mercado interno, acrescido de:

I – multa de mora, apurada na forma do *caput* e do § 2º do art. 61 da Lei nº 9.430, de 1996, calculada a partir do primeiro dia do mês subsequente ao de aquisição do produto pela empresa comercial exportadora; e

II – juros equivalentes à taxa referencial do Sistema Especial de Liquidação e Custódia – Selic, para títulos federais, acumulada mensalmente, calculados a partir do primeiro dia do mês subsequente ao de aquisição dos produtos pela empresa comercial exportadora, até o último dia do mês anterior ao do pagamento, e de 1% (um por cento) no mês do pagamento.

Art. 11. É responsável solidário pela Cide o adquirente de mercadoria de procedência estrangeira, no caso de importação realizada por sua conta e ordem, por intermédio de pessoa jurídica importadora.

Art. 12. Respondem pela infração, conjunta ou isoladamente, relativamente à Cide, o adquirente de mercadoria de procedência estrangeira, no caso de importação realizada por sua conta e ordem, por intermédio de pessoa jurídica importadora.

Art. 13. A administração e a fiscalização da Cide compete à Secretaria da Receita Federal.

Parágrafo único. A Cide sujeita-se às normas relativas ao processo administrativo fiscal de determinação e exigência de créditos tributários federais e de consulta, previstas no Decreto nº 70.235, de 6 de março de 1972, bem assim, subsidiariamente e no que couber, às disposições da legislação do imposto de renda, especialmente quanto às penalidades e aos demais acréscimos aplicáveis.

Art. 14. Aplicam-se à nafta petroquímica destinada à produção ou formulação de gasolina ou diesel as disposições do art. 4º da Lei nº 9.718, de 27 de novembro de 1998, e dos arts. 22 e 23 da Lei nº 10.865, de 30 de abril de 2004, incidindo as alíquotas específicas: *("Caput" do artigo com redação dada pela Lei nº 11.196, de 21/11/2005)*

I – fixadas para o óleo diesel, quando a nafta petroquímica for destinada à produção ou formulação exclusivamente de óleo diesel; ou *(Inciso acrescido pela Lei nº 11.196, de 21/11/2005)*

II – fixadas para a gasolina, quando a nafta petroquímica for destinada à produção ou formulação de óleo diesel ou gasolina. *(Inciso acrescido pela Lei nº 11.196, de 21/11/2005)*

§ 1º *(Revogado pela Lei nº 11.196, de 21/11/2005)*

§ 2º *(Revogado pela Lei nº 11.196, de 21/11/2005)*

§ 3º *(Revogado pela Lei nº 11.196, de 21/11/2005)*

Art. 15. Os Ministérios da Fazenda e de Minas e Energia e a ANP poderão editar os atos necessários ao cumprimento das disposições contidas nesta Lei.

Art. 16. Esta Lei entrará em vigor na data de sua publicação, produzindo efeitos a partir de 1º de janeiro de 2002, ressalvado o disposto no art. 14.

Brasília, 19 de dezembro de 2001; 180º da Independência e 113º da República.

FERNANDO HENRIQUE CARDOSO

Pedro Malan

José Jorge

LEI Nº 10.866,
DE 4 DE MAIO DE 2004

Acresce os arts. 1º-A e 1º-B à Lei nº 10.336, de 19 de dezembro de 2001, com o objetivo de regulamentar a partilha com os Estados, o Distrito Federal e os Municípios da arrecadação da Contribuição de Intervenção no Domínio Econômico incidente sobre a importação e a comercialização de petróleo e seus derivados, gás natural e seus derivados, e álcool etílico combustível – Cide, e dá outras providências.

O PRESIDENTE DA REPÚBLICA Faço saber que o Congresso Nacional decreta e eu sanciono a seguinte Lei:

Art. 1º A Lei nº 10.336, de 19 de dezembro de 2001, passa a vigorar acrescida dos seguintes arts. 1º-A e 1º-B:

> "Art. 1º-A A União entregará aos Estados e ao Distrito Federal, para ser aplicado, obrigatoriamente, no financiamento de programas de infra-estrutura de transportes, o percentual a que se refere o art. 159, III, da Constituição Federal, calculado sobre a arrecadação da contribuição prevista no art. 1º desta Lei, inclusive os respectivos adicionais, juros e multas moratórias cobrados, administrativa ou judicialmente, deduzidos os valores previstos no art. 8º desta Lei e a parcela desvinculada nos termos do art. 76 do Ato das Disposições Constitucionais Transitórias.

§ 1º Os recursos serão distribuídos pela União aos Estados e ao Distrito Federal, trimestralmente, até o 8º (oitavo) dia útil do mês subsequente ao do encerramento de cada trimestre, mediante crédito em conta vinculada aberta para essa finalidade no Banco do Brasil S.A. ou em outra instituição financeira que venha a ser indicada pelo Poder Executivo federal.

§ 2º A distribuição a que se refere o § 1º deste artigo observará os seguintes critérios:

I - 40% (quarenta por cento) proporcionalmente à extensão da malha viária federal e estadual pavimentada existente em cada Estado e no Distrito Federal, conforme estatísticas elaboradas pelo Departamento Nacional de Infra-Estrutura de Transportes - DNIT;

II - 30% (trinta por cento) proporcionalmente ao consumo, em cada Estado e no Distrito Federal, dos combustíveis a que a Cide se aplica, conforme estatísticas elaboradas pela Agência Nacional do Petróleo - ANP;

III - 20% (vinte por cento) proporcionalmente à população, conforme apurada pela Fundação Instituto Brasileiro de Geografia e Estatística - IBGE;

IV - 10% (dez por cento) distribuídos em parcelas iguais entre os Estados e o Distrito Federal.

§ 3º Para o exercício de 2004, os percentuais de entrega aos Estados e ao Distrito Federal serão os constantes do Anexo desta Lei.

§ 4º A partir do exercício de 2005, os percentuais individuais de participação dos Estados e do Distrito Federal serão calculados pelo Tribunal de Contas da União na forma do § 2º deste artigo, com base nas estatísticas referentes ao ano imediatamente anterior, observado o seguinte cronograma:

I – até o último dia útil de janeiro, os órgãos indicados nos incisos I a III do § 2º deste artigo enviarão as informações necessárias ao Tribunal de Contas da União;

II - até 15 de fevereiro, o Tribunal de Contas da União publicará os percentuais individuais de que trata o *caput* deste parágrafo;

III – até o último dia útil de março, o Tribunal de Contas da União republicará os percentuais com as eventuais alterações decorrentes da aceitação do recurso a que se refere o § 5º deste artigo.

§ 5º Os Estados e o Distrito Federal poderão apresentar recurso para retificação dos percentuais publicados, observados a regulamentação e os prazos estabelecidos pelo Tribunal de Contas da União.

§ 6º Os repasses aos Estados e ao Distrito Federal serão realizados com base nos percentuais republicados pelo Tribunal de Contas da União, efetuando-se eventuais ajustes quando do julgamento definitivo dos recursos a que se refere o § 5º deste artigo.

§ 7º Os Estados e o Distrito Federal deverão encaminhar ao Ministério dos Transportes, até o último dia útil de outubro, proposta de programa de trabalho para utilização dos recursos mencionados no *caput* deste artigo, a serem recebidos no exercício subsequente, contendo a descrição dos projetos de infra-estrutura de transportes, os respectivos custos unitários e totais e os cronogramas financeiros correlatos.

§ 8º Caberá ao Ministério dos Transportes:

I – publicar no Diário Oficial da União, até o último dia útil do ano, os programas de trabalho referidos no § 7º deste artigo, inclusive os custos unitários e totais e os cronogramas financeiros correlatos;

II – receber as eventuais alterações dos programas de trabalho enviados pelos Estados ou pelo Distrito Federal e publicá-las no Diário Oficial da União, em até 15 (quinze) dias após o recebimento.

§ 9º É vedada a alteração que implique convalidação de ato já praticado em desacordo com o programa de trabalho vigente.

§ 10. Os saques das contas vinculadas referidas no § 1º deste artigo ficam condicionados à inclusão das receitas e à previsão das despesas na lei orçamentária estadual ou do Distrito Federal e limitados ao pagamento das despesas constantes dos programas de trabalho referidos no § 7º deste artigo.

§ 11. Sem prejuízo do controle exercido pelos órgãos competentes, os Estados e o Distrito Federal deverão encaminhar ao Ministério dos Transportes, até o último dia útil de fevereiro, relatório contendo demonstrativos da execução orçamentária e financeira dos respectivos programas de trabalho e o saldo das contas vinculadas mencionadas no § 1º deste artigo em 31 de dezembro do ano imediatamente anterior.

§ 12. No exercício de 2004, os Estados e o Distrito Federal devem enviar suas propostas de programa de trabalho para o exercício até o último dia útil de fevereiro, cabendo ao Ministério dos Transportes publicá-las até o último dia útil de março.

§ 13. No caso de descumprimento do programa de trabalho a que se refere o § 7º deste artigo, o Poder Executivo federal poderá determinar à instituição financeira referida no § 1º deste artigo a suspensão do saque dos valores da conta vinculada da respectiva unidade da federação até a regularização da pendência.

§ 14. Os registros contábeis e os demonstrativos gerenciais, mensais e atualizados, relativos aos recursos recebidos nos termos deste artigo ficarão à disposição dos órgãos federais e estaduais de controle interno e externo.

§ 15. Na definição dos programas de trabalho a serem realizados com os recursos recebidos nos termos deste artigo, a União, por intermédio dos Ministérios dos Transportes, das Cidades, e do Planejamento, Orçamento e Gestão, os Estados e o Distrito Federal atuarão de forma conjunta, visando a garantir a eficiente integração dos respectivos sistemas de transportes, a compatibilização das ações dos respectivos planos plurianuais e o alcance dos objetivos previstos no art. 6º da Lei nº 10.636, de 30 de dezembro de 2002.»

"Art. 1º-B Do montante dos recursos que cabe a cada Estado, com base no *caput* do art. 1º-A desta Lei, 25% (vinte e cinco por cento) serão destinados aos seus Municípios para serem aplicados no financiamento de programas de infraestrutura de transportes.

§ 1º Enquanto não for sancionada a lei federal a que se refere o art. 159, § 4º, da Constituição Federal, a distribuição entre os Municípios observará os seguintes critérios:

I - 50% (cinquenta por cento) proporcionalmente aos mesmos critérios previstos na regulamentação da distribuição dos recursos do Fundo de que tratam os arts. 159, I, b, e 161, II, da Constituição Federal; e

II - 50% (cinquenta por cento) proporcionalmente à população, conforme apurada pela Fundação Instituto Brasileiro de Geografia e Estatística - IBGE.

§ 2º Os percentuais individuais de participação dos Municípios serão calculados pelo Tribunal de Contas da União na forma do § 1º deste artigo, observado, no que couber, o disposto nos §§ 4º, 5º e 6º do art. 1º-A desta Lei.

§ 3º (VETADO)

§ 4º Os saques das contas vinculadas referidas no § 3º deste artigo ficam condicionados à inclusão das receitas e à previsão das despesas na lei orçamentária municipal.

§ 5º Aplicam-se aos Municípios as determinações contidas nos §§ 14 e 15 do art. 1º-A desta Lei.»

Art. 2º (VETADO)

Art. 3º Esta Lei entra em vigor na data de sua publicação.

Brasília, 4 de maio de 2004; 183º da Independência e 116º da República.

LUIZ INÁCIO LULA DA SILVA

Antonio Palocci Filho

Alfredo Nascimento

LEI Nº 14.237,
DE 19 DE NOVEMBRO DE 2021

Institui o auxílio Gás dos Brasileiros; e altera a Lei nº 10.336, de 19 de dezembro de 2001.

O PRESIDENTE DA REPÚBLICA

Faço saber que o Congresso Nacional decreta e eu sanciono a seguinte Lei:

Art. 1º É instituído o auxílio Gás dos Brasileiros, destinado a mitigar o efeito do preço do gás liquefeito de petróleo (GLP) sobre o orçamento das famílias de baixa renda.

Art. 2º Poderão ser beneficiadas pelo auxílio Gás dos Brasileiros, na forma do regulamento, as famílias:

I – inscritas no Cadastro Único para Programas Sociais (CadÚnico) do governo federal, com renda familiar mensal per capita menor ou igual a meio salário-mínimo nacional; ou

II – que tenham entre seus membros residentes no mesmo domicílio quem receba o benefício de prestação continuada da assistência social, nos termos dos arts. 20 e 21 da Lei nº 8.742, de 7 de dezembro de 1993.

§ 1º O auxílio será concedido preferencialmente às famílias com mulheres vítimas de violência doméstica que estejam sob o monitoramento de medidas protetivas de urgência.

§ 2º O Poder Executivo deverá compatibilizar a quantidade de famílias beneficiárias com as dotações orçamentárias existentes para o pagamento do auxílio.

Art. 3º As famílias beneficiadas pelo auxílio Gás dos Brasileiros terão direito, a cada bimestre, a um valor monetário correspondente a uma parcela de, no mínimo, 50% (cinquenta por cento) da média do preço nacional de referência do botijão de 13 kg (treze quilogramas) de GLP, estabelecido pelo Sistema de Levantamento de Preços (SLP) da Agência Nacional do Petróleo, Gás Natural e Biocombustíveis (ANP), nos 6 (seis) meses anteriores, conforme definição em regulamento.

Parágrafo único. O pagamento do benefício previsto nesta Lei será feito preferencialmente à mulher responsável pela família, na forma do regulamento.

Art. 4º São fontes de recursos do auxílio Gás dos Brasileiros:

I – os dividendos pagos pela Petróleo Brasileiro S.A. (Petrobras) à União;

II – os bônus de assinatura previstos nos:

a) inciso I do *caput* do art. 45 da Lei nº 9.478, de 6 de agosto de 1997; e

b) inciso II do *caput* do art. 42 da Lei nº 12.351, de 22 de dezembro de 2010, ressalvadas:

1. as parcelas eventualmente destinadas, na forma do inciso I do *caput* do art. 7º da Lei nº 12.304, de 2 de agosto de 2010, à Empresa Brasileira de Administração de Petróleo e Gás Natural S.A. – Pré-Sal Petróleo S.A. (PPSA); e

2. a parcela transferida pela União, na forma do art. 1º da Lei nº 13.885, de 17 de outubro de 2019, aos Estados, ao Distrito Federal e aos Municípios;

III – a parcela referente à União do valor dos *royalties*, conforme disposto no art. 42-B da Lei nº 12.351, de 22 de dezembro de 2010;

IV – a receita advinda da comercialização de petróleo, gás natural e outros hidrocarbonetos fluidos destinados à União, de que trata o art. 46 da Lei nº 12.351, de 22 de dezembro de 2010; e

V – outros recursos previstos no orçamento fiscal da União.

Art. 5º O art. 1º da Lei nº 10.336, de 19 de dezembro de 2001, passa a vigorar com as seguintes alterações:

> "Art. 1º ....
>
> § 1º ....
>
> II – financiamento de projetos ambientais relacionados com a indústria do petróleo e do gás;
>
> III – financiamento de programas de infraestrutura de transportes; e
>
> IV – financiamento do auxílio destinado a mitigar o efeito do preço do gás liquefeito de petróleo sobre o orçamento das famílias de baixa renda.
>
> ...." (NR)

Art. 6º O Poder Executivo compensará, por meio de transferência de renda, o valor da Contribuição de Intervenção no Domínio Econômico (Cide) incidente sobre os botijões de 13 kg (treze quilogramas) de GLP às famílias de baixa renda beneficiárias de programa de transferência de renda de caráter permanente do governo federal que não sejam beneficiárias do auxílio Gás dos Brasileiros.

Art. 7º O Poder Executivo determinará a organização, a operacionalização e a governança do auxílio Gás dos Brasileiros, utilizando, no que couber, a estrutura do Programa Bolsa Família, criado pela Lei nº 10.836, de 9 de janeiro de 2004, ou outros programas similares que o substituírem.

Art. 8º Esta Lei entra em vigor na data de sua publicação e vigorará por 5 (cinco) anos, produzindo efeitos desde a abertura dos créditos orçamentários necessários à sua execução.

Brasília, 19 de novembro de 2021; 200º da Independência e 133º da República.

JAIR MESSIAS BOLSONARO

Paulo Guedes

Bento Albuquerque

João Inácio Ribeiro Roma Neto